AVERTISSEMENT.

LA defcription du Cabinet de l'École royale des Mines, que j'ai publiée en 1784, offre l'énumération & l'hiftoire des objets qu'il renfermoit alors. J'ai recherché depuis ce temps tout ce qui a paru de neuf, & tout ce qui pouvoit être ajouté à cette collection de minéraux que j'ai été vingt-fept ans à former; j'ai introduit dans les claffes ces divers objets, dont je donne la defcription dans ce fupplément. Dans le deffein de faire diftinguer ces mêmes objets des anciens, j'ai encadré de rouge leurs étiquettes, & j'ai appofé deffus les numéros qui fuivent immédiatement ceux où finiffent les numéros des objets décrits dans le premier volume de ce catalogue, dont les étiquettes anciennes font encadrées de traits noirs.

A

J'ai reporté dans les claffes naturelles les objets que j'en avois diftraits, parce qu'alors leur état n'étoit pas encore décidé pour moi : ainfi le kupfernickel, la manganaife, la plombagine, la molyb-dène, le wolfram & la tungftein, formant des claffes à part, j'ai cru devoir les placer après les demi-métaux ancienne-ment connus.

J'ai inféré à la fin de ce fupplément le tableau lithologique de la carrière à plâtre de Montmartre, j'ai indiqué les gîtes des variétés de gypfe & de félénite, & les diverfes efpèces de pierres qu'on trouve dans cette carrière.

Quoiqu'il y ait déjà dans le Cabinet national des collections de mines affez confidérables de quelques-unes de nos provinces, cependant je n'ai pas cru devoir en publier la defcription, parce que je n'ai pas encore pu rendre ces collections auffi complètes qu'elles pourront l'être.

On remarque entr'autres dans le Cabinet national, une fuite de mines d'argent & d'or de la gardette & d'alle-mont, faite par M. Schreiber, par les ordres de MONSIEUR : Si chaque propriétaire de mines, fi M.^{rs} les Intendans de province fuivent l'exemple de ce Prince, le Cabinet national ne tardera pas à devenir le dépôt le plus intéreffant & le plus précieux.

Une galerie affez confidérable fe trouvant déjà remplie par quelques fuites de mines nationales, M. de Calonne & M. de la Boullaye voulant donner à cet établiffement toute l'extenfion néceffaire pour mettre en évidence les productions minérales de la France, ce Miniftre a jugé convenable d'ajouter au Cabinet un efpace qui donne environ seize cents pieds de surface de plus; espace dans lequel on déposera la suite des mines nationales qui y seront rangées par ordre de département, de sorte que ces galeries offriront la géographie minérale de la France, & feront connoître les richesses réelles de ce royaume.

SUPPLÉMENT

À LA

DESCRIPTION

MÉTHODIQUE

Du Cabinet de l'École Royale des Mines.

Soufre.

21. SOUFRE citrin tranfparent, épars dans une pierre calcaire d'un gris noirâtre.

22. Soufre citrin tranfparent, en maffe irrégulière.

23. Soufre citrin tranfparent, en grand

prifme à dix pans, terminé par des pyramide
irrégulières : ce polyèdre eft produit par l
troncature d'un octaèdre; de Sicile.

24. Soufre citrin tranfparent, dans du fpat
calcaire blanc qui renferme un beau criftal d
fpath calcaire rhomboïdal tranfparent.

25. Veine de foufre citrin tranfparent
entre deux couches de fpath calcaire blan
& grifâtre, efpèce de pierre-porc des mont
Krapeks.

26. Soufre jaunâtre dans de petites cellule
noirâtres arrondies, entre-mêlées de mica.

27. Soufre en canon.

Alun.

11. TERRE alumineufe, martiale, jaunâtre & rougeâtre.

12. Alun natif blanc, capillaire & mameloné.

13. Grouppe de criftaux d'alun, dont la partie inférieure offre quatre plans triangulaires.

14. Alun criftallifé en tétraèdre : un des plans triangulaires de ce criftal offre des moulures triangulaires fur lefquelles font des plans ou lames triangulaires formant des efpèces de feftons.

Sel marin, Sel fossile, Sel gemme.

13. SEL foffile ou fel gemme, en cubes groupés, entre-mêlé de félénite de Wiliska.

14. Sel foffile ftrié violacé, coloré par de la manganaife; dé Hales en Salzbourg.

15. Sel foffile vert, entre-mêlé de fel gemme coloré par du cuivre; de Halftadt dans la haute Autriche.

16. Sel foffile rougeâtre, écailleux.

17. Sel foffile rougeâtre, feuilleté entre deux couches de fel gemme blanc & ftrié.

Terre calcaire ou alkaline, Pierre calcaire.

256. CAMITE à zones noires & blanches, avec des débris de cames.

257. Pinnite, pinne marine pétrifiée.

258. Oſtracite, lampe antique, huître pétrifiée.

259. Muſculite, moule pétrifiée dans de la pierre calcaire griſâtre, parſemée de bélemnite.

260. *Peſtunculite,* coq & poule ayant la forme d'un oiſeau qui a les ailes étendues.

On déſigne ſous le nom de *peſtunculites* & d'*oſtreopeſtinites,* les poulettes ſtriées, & l'on déſigne ſous les noms de *terebratules* ou *anomites,* celles qui ſont unies & liſſes.

261. *Échinites,* petits ourſins globuleux pétrifiés.

262. Anomite, poulette pétrifiée, noirâtre.

263. Anomite, poulette en forme de bourſe à berger.

264. Dentalite, dentale foſſile blanche qui paroît compoſée d'anneaux.

265. Dentalite foffile blanche unie.

266. Petites cornes d'Ammon plates, ftriées, du diamètre de 4 lignes.

266. *A.* Échinodactyle pédiculé en forme de poire, dont la furface eft hériffée d'afpérités coniques.

267. Échinodactyle, pointe d'ourfin à pédicule ayant une tête conique alongée, dont les furfaces font relevées d'arêtes, offrant de petits grains oblongs enfilés comme ceux des chapelets ; ces arêtes font alternativement grandes & petites, elles aboutiffent à une efpèce de bouton dont les crénelures répondent aux grandes arêtes des pointes d'ourfin.

268. Échinodactyle en forme d'olive alongée.

269. Échinodactyle en forme de vafe alongé à bord renverfé, ayant quinze lignes de haut, fur trois de diamètre ; cette pointe d'ourfin eft hériffée d'afpérité & couverte de petites portions de dentelles de mer.

270. Échinodactyle de quinze lignes de long fur une ligne & demie de diamètre,

avec des arêtes longitudinales hériffées de pointes.

271. Madréporite en forme d'œillet, à tube fin & alongé, couvert d'afpérités.

272. Bélemnite creufe, de fix pouces de long, fur fept lignes de diamètre, dans une pierre calcaire arénacée : cette bélemnite eft terminée par une pointe fine de plufieurs lignes de longueur.

273. Grande efpèce de bélemnite un peu aplatie, ayant un pied de long fur deux pouces de diamètre.

274. Portion de bélemnite grifâtre avec fon alvéole conique jaunâtre.

275. Efpèce d'alvéole conique, compofé de calottes appliquées les unes fur les autres & perforées par un fiphon : la hauteur de cet alvéole eft de cinq pouces, fon diamètre de deux.

276, Os foffile calcaire jaunâtre, foluble dans l'acide nitreux fans produire fenfiblement d'effervefcence.

277. Unicorne foffile avec des taches bleuâtres, devient turquoife par la calcination.

278. Entroques couvertes de petites huîtres.

279. Trochite ayant un trou au centre, & quatre trous plus petits fur le grand cercle.

280. Trochites.

281. Marbre compofé d'un amas de trochites.

282. Phitolite, rofeau pétrifié, aplati, entre-mêlé de bitume.

283. Preffe pétrifiée en pierre calcaire, de Châtelguion.

284. Cariophilite, œillet de mer conique pétrifié.

285. Lumachelle compofée de fragmens de corne d'Ammon nacrée, de poulettes & de grains de fable : ce marbre eft noirâtre.

286. Lumachelle opalifée, dont une portion de coquille chatoye en rouge.

287. Marbre criftallin blanc avec des dendrites noires.

288. Stalactites calcaires fiftuleufes, réunies & un peu contournées, de deux lignes de

diamètre; l'intérieur eſt en ſpath calcaire blanc, l'extérieur eſt brunâtre ; des articulations qu'on obſerve ſur les corps cylindriques, donnent à croire que ce pourroit bien être des vermiculaires articulés & pétrifiés ; de Saint - Laurent - du - pont en Dauphiné.

289. Albâtre ou dépôt calcaire cylindrique ſtrié, paroiſſant compoſé de cônes inſcrits les uns dans les autres.

290. Albâtre calcaire griſâtre, dépoſé par couches ſur un mortier compoſé de briques & de chaux.

291. Albâtre en ſtalagmites cylindriques, imitant les cornes de daim.

292. Stalagmite calcaire brunâtre, ayant la forme de choux-fleurs ; de Balaru.

293. Priapolite en albâtre à couches concentriques, dont le centre eſt en ſpath calcaire; de Caſtres.

294. *Flos ferri* d'un blanc mat, ſtalactites calcaires, cylindriques, très-fines, contournées en différens ſens.

295. Stalagmite en forme de choux-

fleurs blanchâtres colorés par de l'ocre martial brunâtre.

296. Efpèce de *flos ferri* d'un blanc jaunâtre, dont les cylindres font arrondis par l'extrémité.

297. Tête de fémur pénétrée de terre calcaire qui remplit les cellules offeufes.

298. Dépôt calcaire ondulé, grifâtre, en reliefs creux, l'autre partie offre des reliefs faillans qui s'implantent dans les creux; *tophus turbinatus Linnei.*

299. Stalagmite calcaire ftriée, d'un blanc mat, entre-mêlée d'une teinte verte, dûe au cuivre.

300. Albâtre calcaire verdâtre difpofé par couches qui laiffent des interftices.

301. Stalactite calcaire offrant des efpèces de feftons en fautoir femblables à la fculpture qu'on emploie pour orner les fontaines.

302. Stalagmite calcaire onduleufe, difpofée par couches; de Saint-Seine.

303. Spath calcaire rhomboïdal opaque, groupé; de Claufthal-au-Hartz.

304. Spath calcaire rhomboïdal comprimé, blanc, tranſparent, avec du ſpath perlé d'un blanc rougeâtre où l'on remarque des cavités cubiques ſur une gangue ſchiſteuſe, griſâtre, entre-mêlée de pyrites; d'Huelgoat.

305. Spath calcaire mameloné, dont les lames ſont diſpoſées en roſe.

306. Spath calcaire en grands criſtaux lenticulaires griſâtres, groupés irrégulièrement.

307. Spath calcaire noir dodécaèdre, à plans pentagones.

308. Spath calcaire dont les lames tranſparentes ſont diſpoſées comme les pétales d'une roſe, ſur du quartz mameloné brunâtre, qui a pour gangue du zinopel diſpoſé par couches, entre-mêlées de blende jaunâtre; de Hongrie.

309. Spath calcaire dont les criſtaux lenticulaires ſont diſpoſés en mamelons, ſur de la calcédoine entre-mêlée de blende jaunâtre.

310. Spath calcaire en criſtaux lenticulaires, empilés de manière qu'ils offrent une colonne articulée; du Hartz.

311. Groupe de criftaux de fpath calcaire en prifme hexaèdre, terminé par des fommets trièdres.

312. Spath calcaire pyramidal trièdre: cette efpèce de pyramide réfulte de l'affemblage de petits prifmes fur de la blende pyriteufe.

313. Spath calcaire en prifme hexaèdre verdâtre, à fommet trièdre ; la couche extérieure du prifme eft plus foncée & moins tranfparente : on remarque les élémens de la criftallifation fur la couche extérieure de ce prifme, qui a pour bafe du fpath pefant, rougeâtre pyriteux; du Hartz.

314. Spath calcaire en prifme hexaèdre, à fommet trièdre, fur du quartz parfemé de pyrites & de fpath perlé jaunâtre.

315. Spath calcaire en prifme hexaèdre groupé, terminé par des pyramides trièdres obtufes, grifâtres, demi-tranfparentes, à taches rougeâtres, renfermant de la mine jaune de cuivre pyriteufe.

316. Spath calcaire en pyramides trièdres groupées & dentelées; de Dauphiné.

402. Spath

317. Spath calcaire en pyramide hexaèdre, comprimé; de Derbyshire.

318. Spath calcaire en pyramide hexaèdre, dont un criftal plus grand & tranfparent fe trouve au milieu, & offre deux pyramides appofées bafe à bafe, & parfemées de pyrites, entre-mêlées de galène; de Derbyshire.

319. Spath calcaire en prifme hexaèdre, terminé par des pyramides à fix pans, tronquées de manière que leur fommet eft trièdre: les pans du prifme offrent des hexagones alongés; les plans de la pyramide font des pentagones alongés, fur du fpath vitreux, blanc, cubique, entre-mêlé de galène octaèdre & de blende brunâtre; du Hartz.

320. Spath calcaire rhomboïdal, rempliffant deux grandes géodes de quartz améthyfté, enchafonné dans un fchorl en roche, d'un gris verdâtre.

321. Spath calcaire en pyramides irrégulières, groupées fur de la pierre calcaire noire.

322. Spath calcaire & galène entre-mêlés d'une matière graffe, brunâtre, élaftique,

B

dont une partie paroît être à l'état réfineux friable.

323. Spath calcaire blanc, ftrié, foyeux, dont la couche a quatre lignes d'épaiffeur, & eft recouverte d'un enduit fchifteux & d'une lame pyriteufe; de Scanie.

324. Spath calcaire blanc, ftrié, foyeux, dont une partie offre des prifmes ftriés & contournés.

325. Spath calcaire blanc, opaque, dont les ftries partent d'un centre commun, d'où ils divergent.

326. Spath calcaire blanc, tranfparent, en pyramides triangulaires.

327. Spath calcaire blanc, opaque, en criftaux irréguliers, entre-mêlé de mine de fer fpathique brune.

328. Stalactite calcaire conique, hériffée de criftaux triangulaires.

329. Spath calcaire blanchâtre, lenticu-laire, en lames minces, difpofées comme les pétales de rofe.

330. Spath calcaire en prifme trièdre, terminé par une pyramide obtufe à trois

pans : ici les élémens de la criftallifation font difpofés de manière que le prifme paroît triangulaire.

331. Spath calcaire ftrié, blanc, demi-tranfparent & branchu.

332. Spath calcaire blanc, ftrié, demi-tranfparent, fur de la pierre calcaire noirâtre.

333. Spath calcaire en criftaux prifma-tiques triangulaires, ftriés, fur du fpath mameloné.

334. Spath calcaire ftrié & poli.

335. Spath calcaire en grandes pyra-mides, trièdres, appofés bafe à bafe dans une géode quartzeufe.

336. Spath calcaire en prifme hexaèdre, à fommet trièdre obtus, avec des criftaux en pyramides hexaèdres, dans une géode quartzeufe.

337. Albâtre calcaire jaunâtre & brun, à zones ; de Montmartre.

338. Spath calcaire en cubes rhom-boïdaux, groupés.

339. Spath perlé en grands criftaux rhomboïdaux, fur une drufe quartzeufe.

B ij

340. Spath perlé en pyramide hexaèdre, fur une drufe quartzeufe, parfemée de criftaux de fpath vitreux, blanc, tranfparent.

341. Spath perlé blanchâtre, en pyramides triangulaires, fur du quartz.

342. Spath perlé d'un blanc verdâtre, fur du fpath calcaire blanc, en lames irrégulières.

343. Spath perlé brunâtre, en prifme hexaèdre tronqué, fur du fpath calcaire.

344. Spath perlé dont les criftaux offrent des rhomboïdes tranfparens, blanchâtres, dans une efpèce de géode fpathique, bleuâtre.

345. Spath perlé rhomboïdal, en criftaux épars, avec de la pyrite fur une drufe quartzeufe ; de Poullaoën.

Spath fufible ou vitreux.

33. SPATH vitreux jaunâtre, tranfparent, parfemé de pyrites.

34. Spath vitreux tranfparent & verdâtre, parfemé de fpath perlé.

35. Spath vitreux violet, en parallélipipède, avec les élémens de la criftallifation.

36. Spath vitreux violet, cubique, fur une drufe quartzeufe blanche.

37. Spath vitreux cubique, dont les criftaux font verts & violets.

38. Spath vitreux jaunâtre, cubique, fur une drufe. quartzeufe, parfemée de points pyriteux.

Gemmes, Schorl, Feld-fpath.

199. *A.* GRAND fegment de criftal d'émeraude de la plus belle eau, dans du fchifte pyriteux.

199. *B.* Jargon de Ceylan, grifâtre, en prifme tétraèdre, terminé par une pyramide obtufe à quatre pans.

200. Bérylle en fegmens de prifme hexaèdre, dans du quartz micacé, parfemé de petits criftaux de roche blanchâtres, & de cubes de fpath vitreux, violet; de Saxe.

201. *A.* Efpèce de bérylle feuilleté en longues lames, entre-mêlées de quartz & de terre martiale, quelquefois de fchorl rougeâtre, ftrié : cette pierre fe trouve parmi les granites; elle offre quelquefois de longs prifmes tétraèdres comprimés. L'efpéce que je viens de décrire fe trouve en Europe & en Amérique.

201. *B.* Efpèce de bérylle verdâtre, en prifme tétraèdre rhomboïdal, dans du fpath calcaire.

202. Bérylle lamelleux, dans une efpèce de fléatite feuilletée, verdâtre.

203. Feld-fpath blanc, tranfparent, en prifme tétraèdre rhomboïdal , à fommet dyèdre ; du mont Saint-Gothar.

204. Feld-fpath d'un blanc grifâtre , tranfparent, difpofé par couches d'une ligne d'épaiffeur, entre-mêlées de veines de quartz blanc.

205. Feld-fpath rougeâtre , feuilleté, entre-mêlé de veines de quartz blanc.

206. Feld-fpath blanchâtre , en lames rhomboïdales entre-mêlées de quartz.

207. Feld-fpath de Labrador, à fond gris , chatoyant en bleu.

208. Feld-fpath d'un beau bleu de lapis, avec des veines de quartz blanc, mêlé de pierre calcaire ; du Tirol.

209. Feld-fpath vert & blanc, offrant les reflets de la nacre; de Groenland.

210. *A.* Feld-fpath de Labrador , à fond gris , chatoyant en bleu & en vert.

210. *B.* Feld-fpath chatoyant , ayant une teinte jaunâtre.

211. Feld-fpath en petits criftaux blanchâtres, irréguliers, fur une drufe quartzeufe.

212. Feld - fpath en prifme hexaèdre, comprimé, à fommet dyèdre, en criftaux maclés.

213. Feld-fpath en criftaux prifmatiques tétraèdres, trouvé dans du granite de Bretagne.

214. Feld - fpath criftallifé & maclé, trouvé dans les laves d'Auvergne.

215. Feld - fpath en prifme tétraèdre, trouvé dans les éruptions de volcans d'Auvergne.

216. Schorl criftallifé, d'un blanc bleuâtre, fur un filon d'amiante en fibres parallèles, de deux pouces de hauteur, fur du fchorl en roche grifâtre; des Pyrénées.

217. Groupe de criftaux de fchorl blanc; des Pyrénées.

218. Schorl violet, rhomboïdal, fur du fchorl en roche parfemé d'amiante & de fchorl blanc.

219. Schorl violet, rhomboïdal, fur du fchorl en roche recouvert d'amiante & de fchorl blanc; des Pyrénées.

220. Schorl violet fur du fchorl en roche

grifâtre , entre-mêlé de fchorl vert & de quartz blanc.

221. Schorl violet , rhomboïdal , fur du fchorl en roche recouvert d'amiante & de fchorl vert ftrié.

222. Émeraude du Brefil , efpèce de fchorl vert , demi - tranfparent , en prifmes réunis en faifceaux , dont l'affemblage offre une colonne pyramidale de quatre pouces de haut , fur un pouce de diamètre ; le fommet offre une pyramide trièdre obtufe.

223. Schorl blende feuilleté , noirâtre, dans une efpèce de jade blanc feuilleté ; de Dauphiné.

224. Schorl blende d'un vert noirâtre , dans une efpèce de jade granuleux, grifâtre.

225. Schorl d'un gris verdâtre, en petits prifmes réunis confufément : ce fragment vient d'un grand morceau du Cabinet de M. de Joubert , où l'on remarque des cavités cubiques.

226. Schorl vert en prifmes irréguliers & contournés , fur de la ftéatite feuilletée , jaunâtre.

227. *A.* Groupe de tourmalines noires, compofé de fept criftaux réguliers d'environ deux pouces de haut, fur un pouce & demi de diamètre : ces criftaux offrent des prifmes à neuf pans terminés par des pyramides trièdres, obtufes. Ces tourmalines font engagées dans un mica verdâtre; de Groenland.

227. *B.* Tourmaline en prifme à neuf pans, terminée par une pyramide hexaèdre.

227. *C.* Tourmaline dont l'extrémité eft terminée par une efpèce d'amiante.

228. Schorl rouge, prifmatique, ftrié, dans du quartz entre-mêlé de mica ; de la haute Hongrie.

229. Schorl rougeâtre en prifmes hexaèdres tronqués, groupés & ftriés, parfemé de marcaffites octaèdres & de galène; de Saxe.

230. Schorl bleuâtre prifmatique, ftrié, dans l'intérieur d'une coquille foffile de l'efpèce des cœurs, dont l'intérieur eft d'un bleu noirâtre: cette efpèce de fchorl fe diffout fans effervefcence & très-lentement dans l'acide nitreux.

231. Schorl noir, de Madagascar, en masse irrégulière, dont une des surfaces est striée.

232. Roche composée de schorl vert & de grenats; de Hongrie.

233. Schorl noir en petits fragmens entre-mêlés de quartz grisâtre.

234. Grenats brunâtres, épars sur du marbre cristallin grisâtre; des Pyrénées.

Gypfe, Sélénite, Pierre à plâtre.

62. SÉLÉNITE octaèdre rhomboïdale tronquée, en beaux criftaux tranfparens, dont l'intérieur renferme de l'ocre martiale rouge; ce morceau eft en partie recouvert de la même ocre.

63. Sélénite blanche, tranfparente, en maffe irrégulière ftriée, entre-mêlée d'ocre martiale rouge, fur laquelle font épars des criftaux de fpath calcaire en prifmes hexaèdres tronqués, dont quelques-uns ont une teinte violette; d'Efpagne.

64. Sélénite blanche tranfparente, en prifme hexaèdre comprimé, dont tous les plans font inégaux avec des angles rentrans aux extrémités oppofées, mais ces angles rentrans font en fens inverfe : une ligne qui fépare la moitié de ce criftal annonce que c'eft une macle; de Condorcet.

65. Sélénite maclée, trouvée dans un acqueduc de Hongrie.

66. Sélénite décaèdre, dont les criftaux font pofés les uns fur les autres & empilés; des Pyrénées.

67. Sélénite maclée à angles rentrans.

68. Sélénite lenticulaire très-alongée, dont les criftaux font accolés.

69. Sélénite blanche lamelleufe, tranf-parente, parfemée de vert de montagne.

70. Sélénite en rofe, compofée de crif-taux lenticulaires alongés; dè Montpenfier en Auvergne.

71. Sélénite en rofe, compofée de crif-taux lenticulaires, dans de l'argile grife; de Montmartre.

*Spath pefant, Spath féléniteux, Pierre
de Bologne.*

31. Spath pefant, blanc, demi-tranfparent, en grandes tables, recouvert de fpath
perlé, de fer fpathique & de pyrites cuivreufes; de Saxe.

32. Spath pefant, blanc, lamelleux,
opaque, en maffe irrégulière avec de l'ocre
cuivreufe verte, *lapis hepaticus :* en caffant
ce morceau il s'en exhale une forte odeur
de foie de foufre; d'Efpagne.

33. Spath pefant, d'une teinte bleuâtre,
en beaux criftaux octaèdres alongés, un peu
comprimés, dont les extrémités offrent des
plans hexagones alongés, avec du foufre
citrin octaèdre parfemé de fpath calcaire
blanc lenticulaire & d'une efflorefcence
gypfeufe blanche, opaque : ce morceau a
pour gangue de la pierre calcaire d'un gris
cendré; de Conilla.

34. Spath pefant, blanc, tranfparent,
en grands prifmes tétraèdres, terminés par

des pyramides à quatre pans trapézoïdaux, quelquefois les arêtes du prisme sont coupées : ce beau groupe est entre-mêlé de grands cristaux de spath vitreux cubiques, sur du kneis grisâtre, parsemé de galène.

35. Spath pesant, vert, demi-transparent, en lames carrées, produites par des octaèdres tronqués, sur de la terre martiale brune.

36. Spath pesant, blanc, opaque, en stalagmite ondulante, dont les zigzags sont comprimés.

37. Spath pesant, blanc, transparent, en prisme tétraèdre un peu comprimé, avec des pyramides obtuses à quatre pans ; ces prismes sont accolés & ont quelquefois cinq pans ; de Saxe.

38. Spath pesant, blanc, demi-transparent, en grandes tables carrées à bords en biseaux, parsemé de pyrites & de galène ; du Hartz.

39. Spath pesant, jaunâtre, en octaèdres alongés & tronqués : ces cristaux sont groupés ; de Saxe.

40. Spath pesant d'un blanc jaunâtre,

en lames carrées amincies en bifeaux, fur du fpath pefant rougeâtre; de Saxe.

41. Spath pefant, jaunâtre, en octaèdres alongés, coupés près de leur bafe : ces criftaux font pofés en retraite comme les marches d'un efcalier; ils renférment de la pyrite & de la terre martiale; de Mariemberg.

42. Spath pefant, blanc, demi-tranfpa-rent, en lames hexagones rhomboïdales, fur une drufe de criftal de roche blanc, tranparent; de Saxe.

43. Spath pefant, blanc, demi-tranfpa-rent, en lames hexagones, groupées & difpofées en rofe; du Hartz.

44. Spath pefant en prifme ftrié, croifé irrégulièrement, d'un blanc fatiné.

45. Spath pefant, blanc, demi-tranfparent, en petits prifmes difpofés irrégulièrement; ils laiffent des interftices entr'eux; de Saxe.

46. Spath pefant en lames rhomboïdales, épaiffes, d'un blanc bleuâtre, tranfparent, fur du quartz entre-mêlé d'argent gris & d'argent rouge.

47. Spath pefant en lames carrées, jaunes & brillantes,

& brillantes colorées par du fer : cette
subſtance avoit été donnée ſous le nom de
mine de biſmuth.

C

Quartz ou Criflal de roche.

261. CRISTAL de roche terminé par deux pyramides; il renferme de l'amiante; des Pyrénées.

262. Criflal de roche à deux pyramides, dont l'une paroît trièdre ; les plans du prifme font alternativement grands & petits.

263. Criflal de roche chatoyant de la manière la plus vive.

264. Drufe de criflal de roche offrant des pyramides appofées bafe à bafe , ces criflaux réunis repréfentent les grands cubes de fpath vitreux fur lefquels ils fe font dépofés.

265. Drufe quartzeufe à pyramides hexaèdres; ces criflaux fe font groupés fur du fpath calcaire en pyramides hexaèdres, lefquelles laiffent des interflices entr'elles, de forte que ce groupe offre des pyramides trièdres de différentes hauteurs ; cette drufe quartzeufe eft parfemée de fpath perlé, blanchâtre , opaque.

266. Aiguille de criflal de roche de la plus

belle eau, ayant quatre pouces de long, fur
quatre lignes de diamètre ; ce prifme eft terminé par un pédicule ; des fix pans du prifme,
trois offrent des triangles très - alongés ;
l'extrémité du prifme eft coupée de biais &
terminée par un plan triangulaire, ceint de
deux petits triangles ; de Hongrie.

267. Criftal de roche en prifme hexaèdre,
dont les pans inégaux font terminés par
une pyramide à plans pentagones & triangulaires.

268. Criftal de roche dont le prifme
paroît n'offrir que cinq pans, dont deux
adoffés font très-larges ; ce criftal qui paroît
pyramidal, eft coupé de biais à fon extrémité,
fur laquelle on remarque quelques plans
linéaires ; ce criftal offre en outre des lignes
circulaires très-indiquées fur le prifme.

269. Tablette de criftal de roche renfermant du fchorl vert.

270. Criftaux de roche en pyramides à
fix pans, appofés bafe à bafe, fur du fpath
vitreux, cubique.

271. Groupe de criftaux de roche irré-

guliers, dont le tiſſu écailleux eſt entre-mêlé de ſléatite verte.

272. Criſtal de roche en priſme hexaèdre aplati, terminé par deux pyramides ; d'autres petits criſtaux de roche réguliers ſortent de celui-ci.

273. Criſtal de roche priſmatique, hexaèdre, pyramidal, hériſſé d'autres petits criſtaux ; de Hongrie.

274. Criſtaux de roche groupés, ayant au centre des zones lilas ; ce même morceau offre, dans une cavité, du quartz vert-émeraude.

275. Criſtal de roche améthyſté, dont la pyramide ſemble n'offrir que trois pans triangulaires diſtincts, où l'on voit les élémens de la criſtalliſation, ainſi que ſur le priſme, dont le milieu eſt entouré d'autres criſtaux de roche réguliers.

276. Criſtaux de roche réguliers, dont les pyramides oppoſées ſont un peu comprimées en ſens inverſe.

277. Criſtal de roche améthyſté, où l'on remarque les élémens de la criſtalliſation

& les lames horizontales qui compofent le prifme; ce quartz eft recouvert de fpath perlé blanc; de Hongrie.

278. Criftaux de roche verdâtres, recouverts de ftéatite pulvérulente, blanche & brillante; des Alpes Dauphinoifes.

279. Drufe de petits criftaux de roche de différentes grandeurs, qui ont une teinte violacée; de Hongrie.

280. Stalactite quartzeufe, d'un blanc grifâtre, dont le tiffu eft feuilleté comme celui de quelques bois agatifés.

281. Drufe de criftaux de roche, offrant une pyramide très-aiguë, avec de petites portions de galène & de la pyrite martiale à la partie inférieure.

282. Drufe quartzeufe améthyftée, recouverte de blende brunâtre, en petits mamelons.

283. Drufe quartzeufe à très-petits criftaux d'une belle couleur rouge; les autres criftaux font d'un blanc grifâtre.

284. Drufe quartzeufe améthyftée, recouverte de petits criftaux de feld-fpath blanc.

285. Quartz d'un gris rougeâtre ; une de ſes ſurfaces eſt couverte d'une druſe quartzeuſe d'un rouge brun , dont une partie offre des mamelons irréguliers , ſur la ſurface deſquels eſt un gros criſtal creux, formé de deux pyramides hexaèdres, appoſées baſe à baſe.

286. Druſe quartzeuſe parſemée de particules de fer noires & rougeâtres.

287. Druſe de criſtal de roche dont les pyramides ſont ſéparées par un ſegment de priſme très-court ; ces criſtaux renferment des parcelles de fer noirâtres.

288. Petits criſtaux de roche rouges, eſpèce de rubaſſe colorée par du fer.

289. Druſe quartzeuſe améthyſtée, portion de géode.

290. Druſe quartzeuſe hyacinthée, recouverte de ſpath calcaire lenticulaire , avec des pyrites globuleuſes , feuilletées , ſur une eſpèce de kneiſſ ; de Schnéberg.

291. Druſe quartzeuſe améthyſtée, avec un globule dé pyrites cuivreuſes.

292. Druſe quartzeuſe griſâtre, avec des

points rougeâtres, dont la partie inférieure offre des cavités pyramidales hexagones.

293. Criftal de roche jaunâtre, dont une partie eft recouverte d'une couche légère de pyrites cuivreufes, mamelonées; de Hongrie.

294. Drufe quartzeufe chatoyante dans la cavité, d'une efpèce d'hématite.

295. Stalactites quartzeufes groupées, creufes dans leur intérieur; leur furface eft hériffée de pyramides de quartz brunâtre.

296. Drufe quartzeufe améthyftée, re-couverte d'une pellicule d'hématite bru-nâtre; d'Oberftein.

297. Stalactite quartzeufe dont la furface eft hériffée de criftaux de roche, dont les deux pyramides font féparées par un prifme très-court; ce quartz eft recouvert de terre martiale.

298. Drufe quartzeufe d'un gris blan-châtre, demi-tranfparente; du Duché des Deux-Ponts.

299. Groupe de criftaux de quartz jau-nâtre, fur une efpèce de jafpe.

300. Variétés en criftaux plus petits.

301. Quartz en lames carrées, alongées, avec une échancrure carré-long, d'un gris bleuâtre, couverte d'un peu d'ocre martiale; ces lames, dont les plus grandes ont deux pouces & demi, font fouvent renflées dans le milieu : ce quartz a criftallifé dans des cavités abandonnées par le fpath pefant; d'Huelgoat.

302. Efpèce de ftalactite quartzeufe, d'un gris jaunâtre, contournée & fendillée.

303. Quartz blanchâtre, opaque, fendillé, dont les retraits longitudinaux & un peu obliques, font difpofés fur une arête ou ligne, comme les barbes d'une plume.

304. Quartz papiracé, jaunâtre, à feuillets contournés.

305. Quartzs lenticulaires, réunis à peu-près comme la félénite, offrant un angle rentrant de quarante-cinq degrés; des carrières calcaires de Paffy.

306. Grès gris à taches rouges.

307. Grès élaftique du Brefil, efpèce de

quartz blanc granuleux, parfemé de petits grenats; ce grès paroît difpofé par couches.

308. Calcédoine en ftalactites cylindriques, accolées & mamelonées, d'un blanc jaunâtre; de Feroë.

309. Géode en agate bleuâtre & rouge, dont l'intérieur eft tapiffé de criftaux de quartz tranfparent, renfermant de la terre martiale rouge: au centre de cette géode font deux criftaux de roche fur lefquels on remarque les élémens de la criftallifation.

310. Quartz dont les criftaux, diftribués en rayons de gloire, font d'un blanc laiteux de calcédoine, & renferment de l'afphalte; d'Auvergne.

311. Agate à fond rouge & blanc-laiteux, parfemée de dendrites très-élégantes; du Palatinat.

312. Chryfophrafe ou agate verte; de Siléfie.

313. Chryfophrafe ou agate verte, recouverte de fpath calçaire.

314. Efpèce de calcédoine entre deux couches d'une efpèce de tufa brunâtre.

315. Agate demi - tranfparente , d'un blanc verdâtre ; efpèce de calcédoine.

316. Agate laiteufe , demi - tranfparente , efpèce de calcédoine.

317. Agate d'un blanc bleuâtre, mamelonée , avec des veines d'argile verte & des ftalagmites quartzeufes , brunâtres.

318. Agate rubanée, où l'on reconnoît différentes introductions du fluide quartzeux qui lui a donné naiffance ; l'intérieur de ce morceau offre douze cercles plus ou moins concentriques , grifâtres , produits par la fection de ftalactites : l'intérieur de cette agate offre du quartz améthyfté , des couches blanches & rougeâtres.

319. Agate d'un brun rougeâtre , parfemée de taches d'agate bleuâtre ; le centre de ce morceau offre trois ou quatre ftalactites conglomérées , d'un blanc bleuâtre ; d'Oberftein.

320. Géode quartzeufe , dont l'extérieur offre un enduit brunâtre ; des Deux-Ponts.

321. Efpèce de quartz d'un blanc jaunâtre , offrant des cavités pyramidales hexagones très-alongées.

322. Fragment de géode quartzeufe, criftallifée, dont l'intérieur eft tapiffé de beaux criftaux de fpath calcaire blanc, tranfparent, offrant des octaèdres rhomboïdaux; ce morceau renferme du bol blanc mameloné : cette agate eft encroûtée de fchorl en roche brunâtre, entre-mêlé d'argile verte.

323. Géode quartzeufe dont l'extérieur eft en fardoine onix à couches bleuâtres, avec une drufe de quartz rougeâtre & du fpath calcaire rhomboïdal, dans du fchorl en roche brunâtre; de Bade.

324. Efpèce de fardoine à zones bleuâtres, brune, jaune, blanche & rougeâtre; l'intérieur eft criftallin, on remarque l'iffue par laquelle le fluide quartzeux s'eft introduit.

325. Géode quartzeufe, tapiffée de quartz rougeâtre; le canal d'infiltration y eft très-fenfible.

326. Agate à cavités polygones, dont une des faces offre des couches concentriques ondulées.

327, Géode criftalline dans l'intérieur;

fa furface préfente des zones ou feuillets à couches concentriques.

328. Agate blanche, criftalline à l'extérieur, avec des couches ondulantes, offrant des angles rentrans & faillans, blancs & rougeâtres.

329. Géode en agate, criftallifée dans l'intérieur, & renfermant un gros criftal de fpath calcaire en prifme hexaèdre ; cette géode eft engagée dans un fchorl en roche d'un gris verdâtre; de Bade-Dourlac.

330. Agate rubanée, à zones blanches, grifes & rouges.

331. Agate rougeâtre, à veines circulaires blanches & grifes ; le centre eft criftallin.

332. Géode criftalline, dont la couche extérieure eft une agate groffière à zones.

333. Agate criftalline jaunâtre, à taches rouges & brunâtres, & comme vermiculée.

334. Agate où l'on remarque des couches de fardoine, du quartz criftallin & des bandes d'un rouge brun: le centre de ce morceau eft formé de différentes couches concentriques, dont celle du milieu eft brune, & a trois

lignes de diamètre; la seconde couche grisâtre a quatre lignes d'épaisseur; celle qui suit est cristalline.

335. Agate grise oculée, dont quelques couches sont plus foncées les unes que les autres; ces zones concentriques sont produites par la section de stalactites.

336. Géode quartzeuse dont l'intérieur est tapissé de lames de quartz longitudinales, enduites de terre martiale brunâtre; d'Oberstein.

337. Agate rubanée, formée de zones circulaires, grisâtres, brunâtres, violacées & rouges; le centre est cristallin & améthysté; d'Oberstein.

338. Agate dont le grand cercle extérieur est rougeâtre, & les autres cercles concentriques, blancs & bleuâtres.

339. Agate dont la zone extérieure est circulaire & bleuâtre, celle d'après améthystée, le centre est blanc & cristallin.

340. Fragment de géode quartzeuse dont le centre est occupé par des stalactites cylin-

driques, dont les couches font rouges &
grifes.

341. Groupe de ftalactites quartzeufes,
rouges, avec une écorce blanche ; parmi
ces ftalactites, les unes font arrondies, les
autres aplaties.

342. Agate rougeâtre, ayant des veines
plus rouges avec des lignes blanches, alongées & arrondies, dont le centre eft d'un
rouge foncé : il paroît que la géode qui
a donné naiffance à cette agate étoit femblable à la ftalactite du n.° précédent.

343. Agate dont le fond, d'un rouge
tendre, eft parfemé de veines rouges en
zigzag, entourées de petites zones d'agate
blanche & jaunâtre, avec des taches de quartz
blanc, & d'autres améthyftées.

344. Groupe de petites ftalactites quartzeufes, accolées & recouvertes de terre
martiale brune.

345. Géode quartzeufe renfermant des
ftalactites de quartz criftallifées à leurs
furfaces.

346. Géodes quartzeufes criftallifées, de

forme ovale, dans un fchorl en roche rougeâtre.

347. Petites agates de la groffeur d'un pois, verdâtres à leur furface, dans un fchorl en roche brunâtre.

248. Très-petites géodes quartzeufes, colorées en vert, dans un fchorl en roche rougeâtre.

349. Agate grifâtre, caverneufe, dont l'intérieur eft divifé par des cloifons longitudinales.

350. Géode quartzeufe dont l'intérieur eft tapiffé de pyramides quartzeufes.

351. Agate dont l'extérieur eft rouge, le cercle d'après de quartz améthyfté, & le centre d'un rouge mat.

352. Sardoine rubanée à bandes blanches & rougeâtres.

353. Agate rougeâtre rubanée, dont le centre contient de la pyrite.

354. Agate dont le cercle extérieur eft rouge améthyfté; celui qui fuit eft criftallin; vers le milieu eft un grand cercle rouge de fang; le centre eft violacé.

355. Agate criſtalline blanche, dans laquelle le point d'introduction eſt améthyſté.

356. Agate dont le fond eſt d'un rouge
brun foncé, avec des traits ovales d'un rouge
de ſang; la couche extérieure eſt d'un blanc
laiteux, & repréſente la tête d'un petit chien.

357. Agate criſtalline dont l'extérieur a
une teinte verdâtre, l'intérieur eſt blanc, &
offre, pour ainſi dire, les caſes d'une ruche.

358. Agate dont la couche extérieure
eſt griſâtre, la ſuivante d'un blanc laiteux
avec un cercle ponctué en violet; le centre
eſt griſâtre avec quelques taches rondes
d'un blanc mat.

359. Agate à fond griſâtre, avec des
taches d'un blanc opaque dans le centre,
& quelques veines d'un rouge ſanguin;
une de ces taches repréſente un groupe
de figures chinoiſes.

360. Cornalines éparſes dans un marbre
criſtallin griſâtre; des environs de Dreſde.

361. Agate jaunâtre opaque, zonée,
ayant dans le centre une cavité remplie de
petits criſtaux de roche améthyſtés.

362. Agate

362. Agate rubanée à zones couleur de chair, fauves, blanches & noires.

363. Agate jafpée à fond jaune, opaque, parfemée de taches noires arrondies.

364. Pechftein jaunâtre, demi-tranfparent, dans une efpèce d'argile d'un gris rougeâtre.

365. Pechftein jaunâtre, compofé de couches diftinctes & féparées par des lignes noires, ce qui lui donne quelque rapport avec la texture du bois.

366. Pechftein un peu plus foncé que le précédent, où l'on remarque le tiffu végétal.

367. Pechftein jaunâtre, demi-tranfparent, à fond d'un rouge-brun, opaque.

368. Pechftein jaunâtre, plus diaphane, mêlé de pechftein à fond rouge de cornaline, opaque.

369. Pechftein d'un rouge-brun, opaque.

370. Pechftein d'un rouge-brun, opaque, fur du tufa grifâtre.

371. Pechftein d'un rouge-brun, dans un tufa couleur de brique.

D

372. Pechſtein noir, opaque.

373. Alcyon agatiſé, dont le pédicule eſt large & court.

374. Alcyon agatiſé, à long pédicule branchu.

375. Bois agatiſé, vermoulu, dont les tubes ou cylindres ſont remplis par de l'agate blanche ou eſpèce de calcédoine; d'autres tubes de vermiculaires ſont enduits de terre martiale jaunâtre.

376. Roſeau articulé & ſtrié, converti en une eſpèce de grès martial, rougeâtre.

377. Silex griſâtre, avec de petites ſtalagmites dans l'intérieur & de l'argile blanche; de Marly. J'ai trouvé dans ces maſſes ſiliceuſes de l'eau très-pure.

378. Argile blanchâtre, en partie ſiliceuſe, qui accompagne les ſilex de Marly.

379. Jaſpe verdâtre, des montagnes Ouraliques, où l'on en trouve des collines entières.

380. Jaſpe jaunâtre à points rouges & blancs.

381. Silex des environs de Meudon, taillés en brunissoirs.

382. Jaspe veiné jaune & rougeâtre; des monts Ourals, au-delà du fleuve.

383. *Spath adamantin,* espèce de granite qui s'est moulé dans la cavité d'un cristal de roche: ce granite est composé de feld-spath, de quartz & de mica.

384. Roche composée de quartz argileux vert & de schorl rouge; de la forêt de l'Estrelle.

385. Roche composée d'une espèce de jaspe brun, & de petits cristaux de feld-spath bruns.

386. Cristal de roche, de Hongrie, renfermant une goutte d'eau.

387. Quartz grisâtre, avec des impres-sions ou cavités longitudinales, laissées par des aiguilles d'antimoine.

388. Quartz fendillé, offrant des pyra-mides saupoudrées de spath perlé & de fer spathique brunâtre.

389. Cornaline en ftalactites réunies & comme frangées ; le centre eft d'un brun-grifâtre, approchant de la fardoine.

Stéatite, Pierre de lard des Chinois, Talc, Craie de Briançon.

29. STÉATITE blanche, mamelonée, fur une ftéatite grifâtre, offrant des cavités carré-long, fur de la pierre calcaire grife: de la vallée de Saran en Efpagne.

30. Stéatite d'un beau rouge, entre-mêlée de petites taches blanches.

31. Stéatite blanche, ftriée, entre-mêlée de fpath calcaire rhomboïdal.

32. Stéatite d'un vert-tendre, entremêlée de quartz, de mica, & de mine jaune de cuivre.

33. Stéatite d'un vert-tendre, entremêlée de quartz & de mica.

34. Stéatite verte & rougeâtre, feuilletée.

35. Stéatite blanchâtre, de la Chine, dont on a fait un magot.

36. Stéatite fibreufe, feuilletée, d'un gris jaunâtre.

37. Stéatite blanche, dans de l'argile :

elle s'eſt trouvée dans les mines de charbon de terre ; des environs de Valenciennes.

Les pierres bleues déſignées ſous le nom de talc bleu, & numérotées 27, 28 & 29, dans le premier volume de la Deſcription du Cabinet de l'École royale des Mines, me paroiſſant des eſpèces de bérylle, je les ai inférées dans ce ſupplément à l'article des gemmes, n.° 201.

Mica, Glimmer *des Allemands.*

18. MICA rhomboïdal , d'un blanc argenté, dans du granite compofé de quartz granuleux & de feld-fpath ; de Dauphiné.

19. Micas en lames hexaèdres, groupés en rofe, qui offrent des efpèces de mamelons : ces criftaux de mica font couverts de grenats ; le noyau de ce morceau eft du quartz.

20. Mica grifâtre, en lames hexagones, de Sainte-Lucie ; chauffé, il devient jaune & brillant comme de l'or.

D iv

Zéolite.

25. ZÉOLITE en prifme tétraèdre comprimé, terminé par des pyramides à quatre pans ; ces criftaux recouvrent une maffe de fpath calcaire blanc, tranfparent, offrant le fegment longitudinal d'un très-grand prifme hexaèdre, terminé par une pyramide triédre obtufé.

26. Zéolite en petits criftaux cubiques, dans les cavités d'une lave grifâtre; une portion de cette zéolite eft colorée en vert par le cuivre.

27. Zéolite verdâtre , mamelonée & ftriée, entre-mélée de cuivre natif.

28. Zéolite jaune & verte, ftriée, entre-mêlée de cuivre natif.

29. Zéolite blanche, cubique, dans une lave rougeâtre, entre-mélée de gurh de zéolite; de Feroë.

30. Zéolite blanche, opaque, en grandes ftries divergentes, dont les rayons ont cinq pouces de longueur ; de Feroë.

31. Zéolite blanche, demi-tranſparente, ſtriée, dont la maſſe qui a cinq pouces, paroît compoſée de pluſieurs couches qui forment des ondulations : ce morceau a pour gangue une eſpèce de tufa griſâtre, dont une partie eſt colorée en vert par le cuivre ; de Feroë.

32. Zéolite cubique, blanche, tranſparente, dans du tufa d'un gris verdâtre ; de Feroë.

33. Zéolite blanche, opaque, en ſtries divergentes ; de Feroë.

34. Zéolite blanche, tranſparente, en lames carrées, dans les cavités d'un tufa noirâtre, cellulaire & verdâtre, qui renferme de grands criſtaux de ſpath calcaire rhomboïdal.

35. Zéolite blanche, brillante, en criſtaux priſmatiques tétraèdres, coupés de biais, dans la cavité d'un baſalte griſâtre, renfermant des globules vitreux, noirâtres, & des criſtaux de zéolite en lames carrées.

36. Zéolite en ftalactite, d'un pouce & demi de long, de quatre lignes de diamètre, arrondie à fon extrémité : ces ftalactites font hériffées de petits criftaux irréguliers, de zéolite grifâtre ; de Feroë.

37. Zéolite blanche, en partie opaque, criftallifée en prifmes tetraèdres, terminés par des pyramides à quatre pans , entre-mélées de fpath calcaire criftallifé en feg-mens de prifmes hexaèdres, dont les bords font coupés de biais ; de Saint-Andreafberg au Hartz.

38. Zeolite capillaire & foyeufe, fur du tufa grifâtre ; de Feroë.

39. Zéolite prifmatique tétraèdre, apla-tie, entre-mêlée de fpath calcaire : elle effleurit à l'air ; de Poullaoën.

40. Zéolite capillaire & en lames hexa-gones, fur de la zéolite prifmatique, tétra-èdre ; de Feroë.

41. Zéolite en criftaux irréguliers, tranf-parens, formant partie d'une géode encroûtée d'argile verte.

42. Zéolite blanche, qui encroûte une lave noirâtre, roulée; de Feroë.

Argile, Terre glaife, Bol.

49. Dépôt argileux arénacé, à zones blanches & purpurines ; de Goyer en Saxe.

50. Argile verte, renfermant du quartz améthyfté & du fpath calcaire ; du duché des Deux-Ponts.

Schifle, Ardoife.

46. Schifle bitumineux , du plus beau noir , avec impreffion d'une écorce canelée.

47. Schifle avec impreffion de polypode & de prefle.

48. Schifle avec impreffion de polypode & de rofeau , ftrié.

49. Schifle avec impreffion d'écorce de grande fougère; d'Amérique.

50. Schifle en maffe fphéroïdale aplatie , dont l'intérieur eft pyriteux.

Charbon de Terre.

32. CHARBON de terre entre-mêlé d'un peu de braife végétale.

33. Bois paffé à l'état de bitume : on remarque fur une de fes furfaces des efpèces de cloifons ou fentes carrées; trouvé dans les mines de Bofrup en Scanie.

34. Efpèce de charbon de terre, approchant de la nature du jayet, avec des cloifons tétraèdres en fpath calcaire blanc, entremêlé de pyrites : ce charbon a de l'analogie avec le jayet.

35. Grès micacé, avec empreinte de fougère bitumineufe; une des furfaces eft couverte de grès jaunâtre.

36. Charbon de terre, chatoyant gorge-de-pigeon; d'Alais.

37. Charbon de terre, chatoyant, recouvert de fpath perlé en petits mamelons brillans comme des perles; d'Alais.

38. Charbon de terre renfermant du fpath perlé, mameloné, blanc & brillant; d'Alais.

39. Charbon de terre offrant des retraits polygones, & renfermant encore des portions ligneufes.

40. Charbon de terre entre-mêlé de veines de fpath calcaire blanc & de pyrites martiales.

41. Grès bitumineux, portant l'impreffion d'une grande fougère.

42. Grès bitumineux, grifâtre, avec des cavités fchifteufes; ces efpèces de grès précèdent les mines de charbon de terre.

43. Malthe fluide qu'on recueille fur des fources, près des eaux thermales du fleuve Terck aux pieds du Caucafe.

Mercure ou Vif-argent.

48. MERCURE natif; d'Idria.

49. Mercure corné, criſtallifé, dans de la terre martiale, brunâtre, entre-mêlée de cinabre; du Palatinat.

50. Cinabre d'un gris-rougeâtre, pro-duit qnatre-vingt-deux livres de mercure par quintal, & deux livres de quartz martial; d'Almaden.

51. Cinabre ſur du ſchiſte feuilleté, entre-mêlé de ſpath calcaire blanc; de Carinthie.

52. Cinabre entre-mêlé de quartz & de terre martiale; du duché des Deux-Ponts.

53. Cinabre martial, dans du ſpath peſant, entre-mêlé de quartz & de vert-de-montagne.

54. Cinabre entre-mêlé de pyrites mar-tiales & de ſpath calcaire; d'Almaden.

55. Cinabre dans des criſtaux de ſpath peſant, en lames hexaèdres, aplaties, alongées, à pyramides tétraèdres, dont les deux plans linéaires offrent des hexagones,

& les

& les deux petits des rhomboïdes; fur les plans larges du prifme font des carrés longs, faupoudrés de criftaux de cinabre.

56. Cinabre tranfparent, dans du grès argileux, entre-mêlé de pyrites.

57. Cinabre dans une efpèce de grès argileux, entre deux couches de fpath cal-caire en lames rhomboïdales.

58. Cinabre dans un grès argileux & martial; du duché des Deux-Ponts.

59. Cinabre compact, d'un beau rouge, entre-mêlé de pyrites martiales, jaunâtres, & d'argile grifâtre; d'Almaden.

60. Cinabre tranfparent, entre-mêlé de terre martiale & de quartz; des Deux-Ponts.

61. Cinabre entre-mêlé de terre martiale brune, dans un grès argileux; des Deux-Ponts.

62. Cinabre martial dans un grès argi-leux, d'un blanc jaunâtre; des Deux-Ponts.

63. Cinabre entre-mêlé d'ocre martiale brune, & de fpath pefant; du duché des Deux-Ponts.

E

64. Cinabre martial, entre-mêlé de terre martiale brune, dans un grès argileux, jaunâtre; du duché des Deux-Ponts.

65. Cinabre entre-mêlé de quartz argileux & martial; du duché des Deux-Ponts.

66. Cinabre dans un grès argileux & martial.

67. Cinabre veiné, dans un grès argileux, blanchâtre.

68. Cinabre dans un grès argileux, parfemé de fpath pefant; des Deux-ponts.

69. Cinabre dans un grès argileux, entre-mêlé d'argile jaune & de chaux verte de cuivre.

70. Cinabre lamelleux & brillant, dans du fpath calcaire martial, entre-mêlé de fleurs de cinabre.

71. Cinabre entre-mêlé de fpath calcaire, fur du fchifte noirâtre.

72. Cinabre fuperficiel, dans de l'argile blanche, entre-mêlée de fpath pefant & d'ocre martiale.

73. Cinabre glanduleux, dans du fchifte

noir bitumineux, entre-mêlé de pyrites;
d'Idria.

74. Filon de cinabre, entre-mêlé de
pyrites & de quartz argileux

75. Cinabre dans une ſtéatite griſâtre;
des Deux-Ponts.

76. Cinabre dans une eſpèce d'argile
martiale dépoſée par couches.

77. Mercure corné, entre-mêlé de mercure vierge, ſur du cinabre martial; de
Lambert, duché des Deux-Ponts.

78. Cinabre d'un brun-noirâtre, entre-
mêlé de bitume; de Carinthie.

79. Cinabre ſuperficiel, entre-mêlé
d'ocre martiale & d'azur de cuivre, &
d'argile arénacée; de Muchellanſberg.

80. Cinabre dans une eſpèce de grès
argileux, coloré par du fer; il eſt entre-
mêlé de bleu & de vert-de-montagne, &
de ſpàth peſant blanc : de Muſchel, duché
des Deux-Ponts.

81. Cinabre dans un grès argileux,
recouvert d'effloreſcence de vitriol martial
blanc & ſtrié.

E ij

82. Cinabre dans de l'argile ; des Deux-Ponts.

83. Cinabre dans une efpèce de ftéatite, entre-mêlée de fpath pefant blanc.

84. Cinabre argileux.

85. Cinàbre ftrié.

86. Mercure corné gris , tranfparent , dans les cavités d'une roche argileufe, aréna-cée , entre-mêlée de cinabre & de vert-de-montagne ; de Muchellanfberg.

Arfenic.

35. *A.* ARSENIC natif teftacé.

35. *B.* Régule d'arfenic natif, entre-mêlé de fpath calcaire & d'une veine de quartz; de Sainte-Marie.

36. Arfenic natif; de Sainte-Marie.

37. Pyrite arfenicale blanche, difféminée dans une pierre ollaire verdâtre.

38. Mifpickel en prifme tétraèdre rhom-boïdal, épars dans du criftal de roche, fau-poudré de pyrites martiales; de Saxe.

39. Mifpickel & blende rouge, phof-phorique, dans de l'afbefte verdâtre, bril-lant, entre-mêlé de fpath & d'amiante; de Richenfton en Siléfie.

40. Rubine d'arfenic en prifmes tétra-èdres, terminés par des fommets dyèdres; ces criftaux, demi-tranfparens, tapiffent les cavités d'une pyrite arfenicale grife, brillante, difpofée en dendrites : de Joachimftal.

Cobalt.

45. BRIQUE d'un fourneau où l'on prépare le fafre ; une partie de cette brique eft recouverte d'émail bleu : fur ce morceau contraftent des efflorefcences de cobalt lilas, vertes & noires.

46. Mine de cobalt noirâtre, en ftalactites ; de Mariemberg.

47. Mine de cobalt grife, en dendrites entre-mêlées de fpath pefant ; de Saxe.

48. Mine de cobalt arfenicale, blanche, dont la furface offre des pyramides tétraèdres, entre-mêlées de quartz.

49. Mine de cobalt grife, octaèdre, avec efflorefcence.

50. Stalagmite calcaire, colorée en pourpre violacé par du cobalt ; de Saxe.

51. Fleurs de cobalt, entre-mélées de vert-de-montagne, fur du quartz d'un brun-rougeâtre.

52. Fleurs de cobalt purpurines, & mine noire de cobalt, entre-mêlée de fpath calcaire.

53. Mine noire de cobalt, en ſtalagmites arrondies, ſur du quartz entre-mêlé d'ocre martiale jaune; de Saalfeld.

53. A. Mine noire de cobalt compacte, formée par la réunion d'un amas de ſtalagmites, colorées en violet en quelques endroits.

54. Mine de cobalt noirâtre, arſenicale, avec de la chaux noirâtre, mamelonée & violacée de cobalt.

55. Argent vitreux, ramifié, parſemé de fleurs de cobalt criſtallines, tranſparentes.

56. Fleurs de cobalt étoilées, purpurines, ſur du ſpath peſant, entre-mêlé de bleu & de vert-de-montagne.

57. Mine de cobalt arſenicale, noirâtre, avec effloreſcence lilas & verte de cobalt.

58. Mine de cobalt griſâtre, dans du fer ſpathique, blanchâtre, lamelleux.

59. Fleurs de cobalt ſtriées, purpurines, ſur une mine de cobalt noire & verdâtre, dans une gangue compacte, brunâtre, ſchiſteuſe, arénacée.

E iv

60. Fleurs de cobalt purpurines, criftal-lifées, dans du fpath perlé, entre-mêlé de fer fpathique brun.

61. Mine de cobalt noirâtre, dont les cavités font tapiffées de chaux purpurine, criftallifée.

62. Mine de cobalt arfenicale, grife, brillante, avec des effloreſcences purpurines.

63. Mine de cobalt arfenicale, grife, brillante, parfemée de pyrites & de fleurs de cobalt lilas, fur du quartz arénacé.

64. Fleurs de cobalt mamelonées, lilas, fur de la mine de cobalt noire, fuperpofée fur du fer fpathique grifâtre.

65. Fleurs de cobalt criftallifées, en maffes irrégulières, recouvertes de chaux verte de cuivre; ces fleurs de cobalt ont pour gangue du vitriol de cobalt, d'un vert merde-d'oie.

66. Chaux de cobalt purpurine, en crif-taux divergens du centre à la circonférence.

67. Fleurs de cobalt purpurines & noi-râtres, mamelonées, entre-mêlées de mine de cobalt grife, & d'ocre martiale brune.

68. Efflorefcence purpurine de cobalt, mêlée de cuivre & de fpath pefant ; de Saalfeld.

69. Efflorefcence de cobalt fleur-de-pêcher, fur de la mine de cobalt grife, arfenicale, qui a pour gangue du quartz parfemé de pyrites.

70. Vitriol verdâtre de cobalt , avec fleurs lilas de cobalt & azur de cuivre.

Bifmuth.

46. RÉGULE de bifmuth du commerce.

47. Bifmuth vierge, entre-mêlé de mine de bifmuth arfenicale, blanche, irifée, fur du jafpe rougeâtre; de Saxe.

48. Mine de bifmuth grife, brillante, entre-mêlée de quartz; de Saxe.

49. Mine de bifmuth fulfureufe, *ou* galène de bifmuth feuilletée, entre-mêlée de fchorl verdâtre & de mine jaune de cuivre.

50. Mine de bifmuth fulfureufe, grifâtre, compacte, dans de la mine jaune de cuivre, qui a pour gangue de l'afbefte' verdâtre; de Suède.

51. Mine de bifmuth grife, arfenicale, dans du quartz blanc, recouvert d'ocre de bifmuth verdâtre; de Saxe.

52. Bifmuth fulfureux & ftrié, artificiel.

53. Bifmuth fondu, criftallifé en pyramide tétraèdre, creufe, irifée, compofée de carrés de différentes grandeurs; les plans de cettepyramide offrent des retraites comme les marches d'un efcalier.

Mine de Zinc.

82. BLENDE d'un jaune-brunâtre, en beaux criſtaux, formés de deux pyramides hexaèdres appoſées baſe à baſe & un peu tronquées à leur ſommet, entre-mêlée de quartz criſtallin, d'un blanc bleuâtre.

83. Blende jaunâtre, demi-tranſparente, criſtalliſée, entre-mêlée de criſtaux de roche & de pyrites cuivreuſes ſur du zinopel; de Hongrie.

84. Blende brunâtre octaèdre, entre-mêlée de pyrites cuivreuſes & de beaux criſtaux de ſpath peſant, rhomboïdaux.

85. Blende brunâtre, violacée, ſur du ſpath vitreux, blanc, en petits cubes.

86. Blende verdâtre, en grands criſtaux octaèdres, recouverts de petits criſtaux calcaires, blancs, opaques, en pyramides hexaèdres, appoſés baſe à baſe, ſur du zinopel; de Hongrie.

87. Blende brune, brillante, criſtalliſée irrégulièrement, entre-mêlée de ſpath peſant blanc, lenticulaire.

88. Blende d'un jaune-rougeâtre, recouverte de galène octaèdre, tronquée, irifée, & d'une couche de pyrites : ce morceau renferme un filon de fchifte avec une veine de quartz blanc.

89. Blende d'un brun noirâtre, brillante, en criftaux octaèdres, groupés irrégulièrement.

90. Blende noirâtre, renfermant de la pyrite arfenicale & du quartz.

91. Blende brunâtre, mamelonée, parfemée de pyrites, fur du quartz.

92. Blende d'un brun-rougeâtre, fur du zinopel aurifère : ce morceau eft couvert de petits criftaux de roche, dont quelques-uns font faupoudrés de blende, & les autres terminés par des houppes de fpath perlé; de Hongrie.

93. Blende brunâtre & fpath perlé lenticulaire, fur du quartz.

94. Blende brunâtre, lamelleufe, dans du fpath perlé jaunâtre, entre-mélé de quartz.

95. Blende lamelleufe jaunâtre & brune, recouverte de fpath calcaire blanc, opaque, en pyramide hexaèdre; de Hongrie.

96. Blende noire en veines ondulantes, dans du fpath calcaire blanc.

97. Blende brunâtre, lamelleufe, parfemée de pyrites aurifères, recouvertes de criftaux de roche & de fpath perlé-blanc; de Hongrie.

98. Blende brunâtre, en ftalaĉtites recouvertes de pyrites, & entre-mêlée de galène.

99. Blende brunâtre, lamelleufe, entremêlée de pyrites aurifères, furmontées de criftaux de roche, fur les prifmes duquel font implantés de petits criftaux de roche, fur du quartz entre-mêlé de zinopel.

100. Blende brunâtre, fur de la calcédoine.

101. Blende brunâtre, lamelleufe, en criftaux irréguliers, entre-mêlés de beaux criftaux de fpath calcaire, blancs, tranfparens, en pyramides hexaèdres, appofées bafe à bafe, avec des plans rhomboïdaux à la réunion des pyramides, fur du fpath vitreux, blanc, cubique.

102. Blende d'un brun-jaunâtre, en petites

lames carrées, dans les cavités cubiques d'un quartz améthyflé.

103. Blende noirâtre, lamelleufe, petch blende, entre-mêlée de quartz blanc, pyriteux.

104. Pierre calaminaire blanche, offrant un groupe de pyramides hexaèdres; des environs d'Aix.

105. Pierre calaminaire blanche, mamelonée, dont l'intérieur eft ftrié, fur de la mine de fer terreufe, jaunâtre, entre-mêlée de galène; de Fribourg.

106. Pierre calcaire blanche, en prifme irrégulier, grifâtre, fur de la mine de fer terreufe, jaunâtre.

107. Pierre calaminaire blanche, entremêlée d'ocre martiale & de galène, & parfemée de fpath vitreux, cubique, blanc.

108. Guhr de pierre calaminaire blanche, friable, difpofée en recouvrement, comme les tuiles.

109. Pierre calaminaire, en ftalagmite onduleufe d'un gris rougeâtre, fur une couche de pyrites auffi ondulantes : la

cavité qui eſt au centre de ce morceau eſt tapiſſée de pyramides hexaèdres : de Namur.

110. Pierre calaminaïre d'un gris-rougeâtre, entre-mêlée de pyrites, avec des zones vertes; ces pyrites mêlées de blende ſont en ſtalactite mamelonée : de Namur.

111. Pierre calaminaire griſâtre, en maſſe irrégulière , entre-mêlée de blende brunâtre, dans de la pyrite martiale ; de Namur.

112. Zinc lingoté.

113. Zinc coulé en lames.

114. Zinc laminé.

115. Zinc criſtalliſé.

116. Zinc combiné avec le cuivre rouge, laiton criſtalliſé.

117. Blende brune, dont les petits criſtaux ſont raſſemblés en boule, encroûtée de ſtéatite blanche ; de Pontpean.

Antimoine.

43. Mine d'antimoine en criſtaux priſmatiques, ſtriés, groupés irrégulièrement,
& entre-mêlés de quartz; de Hongrie.

44. Mine d'antimoine ſpéculaire, parſemée de ſoufre doré natif, de vitriol d'antimoine & de quartz granuleux.

45. Mine d'antimoine chatoyante, en
fibres contournées irrégulièrement, entre-
mêlée de blende brunâtre, dans une eſpèce
de ſtéatite; de Montieri.

46. Mine d'antimoine ſpéculaire, compoſée de lames & ſurmontée d'antimoine
en priſme, recouverte de vitriol d'antimoine
jaunâtre, ſur du quartz griſâtre, mameloné.

47. Mine d'antimoine en plume, recouvrant des petits criſtaux de roche, ſur du
quartz griſâtre parſemé de pyrites cuivreuſes;
de Hongrie.

48. Mine d'antimoine terreuſe, d'un
jaune-pâle, entre-mêlée de bleu martial,
rempliſſant la cavité d'un cœur foſſile; de
Sibérie.

Sibérie. *Voyez* la page 528 du tome II *de l'Analyse chimique.*

49. Mine d'antimoine & de plomb, terreuse, combinée avec les acides vitriolique & arfenical. *Voyez* la page 536 du tome II *de l'Analyse chimique*, *&* *Concordance des trois règnes.*

50. Mine d'antimoine pulvérulente, femblable à la précédente.

51. Mine d'antimoine grife, ftriée, entremêlée de pyrites cuivreufes.

F

Manganaife.

35. FELD-SPATH lilas, coloré par la manganaife, avec une veiné de mine d'argent grife ; de Hongrie.

36. Schifte quartzeux, coloré par de la manganaife, il a une teinte lilas parfemée de taches argentines; des mines de fer de Weng près Raftadter.

37. Guhr de manganaife folide, mamelonée, fur du quartz blanc.

38. Guhr de manganaife mamelonée, brunâtre, avec des teintes lilas.

39. Guhr de manganaife noire & friable.

40. Manganaife noirâtre, avec de grandes cavités arrondies, entre-mêlée de feld-fpath rougeâtre & verdâtre; des états de Venife.

41. Manganaife brune, entre-mêlée de manganaife blanche, ftriée.

42. Manganaife en ftalactites cylindriques, accolées.

43. Manganaife blanche, mêlée de fer: cette mine eft connue fous le nom de *mine de fer fpathique.*

44. Guhr de manganaife brunâtre, en ſtalagmites conïques.

45. Guhr de manganaife poreufe, très-léger.

F ij

Kupfernickel.

45. CHAUX verte de kupfernickel, entre-mêlée d'un peu de chaux de cobalt, dans une espèce de stéatite verdâtre.

Plombagine.

1. PLOMBAGINE d'Angleterre, avec laquelle on prépare les crayons.

2. Plombagine entre-mêlée d'ocre martiale jaune.

3. Plombagine avec ocre martiale brune, & chaux de cuivre verte.

4. Plombagine entre - mêlée de pyrites martiales tombées en efflorefcence.

5. Plombagine entre-mêlée d'ocre martiale, & de pyrites en efflorefcence.

6. Plombagine entre-mêlée d'ocre martiale jaune, & de fpath calcaire blanc.

7. Plombagine feuilletée.

8. Plombagine artificielle, trouvée dans la fente du creufet d'un des hauts fourneaux de Montcenis en Bourgogne.

Molybdène.

1. MOLYBDÈNE entre-mélée de quartz.

2. Molybdène veinée entre-mélée de quartz & de jaspe rougeâtre.

3. Molybdène dans du quartz entremêlé de schorl noirâtre.

4. Molybdène entre-mélée d'ocre cuivreuse verte.

5. Molybdène dans du quartz entremêlé d'eisenram.

Wolfram.

1. WOLFRAM en prifme hexaèdre, comprimé & ftrié, terminé par des pyramides tétraèdres obtufes.

2. Wolfram en criftaux prifmatiques irréguliers, qui pénètrent un criftal de roche d'un jaune-topaze; ces criftaux de wolfram font faupoudrés de mica.

3. Wolfram compacte, en maffe irrégulière, entre-mêlé de mica.

4. Wolfram en criftaux prifmatiques, ftriés, dans du quartz entre-mêlé de pyrites arfenicales.

5. Wolfram en maffes ftriées, irrégulières, dans du quartz entre-mêlé de mica & de pyrites arfenicales.

6. Wolfram lamelleux & feuilleté, dans du quartz rougeâtre.

7. Wolfram, ce morceau offre plufieurs pans d'un prifme ftrié.

8. Wolfram en beaux criftaux prifmatiques ftriés, dans du quartz blanc entremêlé d'ocre jaune.

9. Wolfram en grande maſſe formée par la réunion d'un amas de priſmes ſtriés, entre-mêlés de quartz blanc.

10. Wolfram en priſmes ſtriés, aplatis, entre-mêlés de pyrites arſenicales & de criſtaux de roche.

11. Filon de wolfram écailleux, ſur une couche de quartz; la partie inférieure de ce morceau eſt couverte de pyrites cui-vreuſes: ce wolfram eſt ſurmonté de criſtaux de roche ſaupoudrés de pyrites.

12. Wolfram rougeâtre en priſme hexa-èdre comprimé, terminé par des pyramides tétraèdres obtuſes, dans du quartz.

Tungstein.

1. TUNGSTEIN blanc, compofé de grands criftaux en pyramides à quatre pans; on remarque fur la furface des lames triangulaires.

Fer.

370. MINÉ de fer noire, compacte, attirable par l'aimant; de l'île d'Elbe.

371. *A.* Mine de fer spéculaire, artificielle, de M. Pelletier; vitriol martial diftillé avec le fel marin.

371. *B.* Mine de fer spéculaire, en grandes lames hexagones, du milieu desquelles sortent des octaèdres; du Mont d'Or.

372. Mine de fer micacée, grife, recouvrant du quartz.

373. Mine de fer spéculaire, en lames minces arrondies, dans une géode quartzeufe blanche.

374. Mine de fer spéculaire, dans une géode quartzeufe améthyftée.

375. Mine de fer spéculaire, difpofée en crête frangée fur du criftal de roche à deux pointes.

376. Pyrite martiale globuleufe, dont la furface offre de grandes pyramides tétraèdres, formées d'un affemblage de plans

triangulaires de différentes grandeurs pofés en retraite.

377. Pyrite martiale, récouverte d'une drufe de quartz rougeâtre, parfémée dè pyrites.

378. Pyrite martiale & cuivreufe, en petites ftalactites, entre-mêlées de criftaux de fpath calcaire très - fins difpofés en houppes; de Saxe.

379. Pyrites martiales & cuivreufes octaèdres, fur du fpath perlé cylindrique.

380. Pyrite martiale & mine de fer hépathique, fur du fpath pefant jaunâtre, en tables carré - long, taillées en bifeaux.

381. Pyrites martiales cubiques, difpofées en rofe, fur un groupe de criftaux de roche en prifme, très-fins.

382. Pyrites martiales octaèdres, conglomérées, fur du quartz tranfparent, entremêlé de mine d'argent grife.

383. Ludus, dont l'écorce eft fchifteufe, le refte eft pyriteux & divifé en grandes cloifons pentagones, remplies de pyrites

polyèdres; les cavités pentagones font remplies d'argile noirâtre, arénacée & pyriteufe.

384. Pyrites martiales & cuivreufes, octaèdres, fur du fpath calcaire en ftalactite; de Derbyshire.

385. Pyrites martiales, rhomboïdales, creufes, recouvertes de fpath pefant, mameloné, d'un blanc-jaunâtre, fur du quartz.

386. Pyrites martiales, fur du quartz qui recouvre des lames de fpath pefant, oblongues, arrondies par leur extrémité, & renflées dans le milieu; de Saxe.

387. Pyrites martiales, recouvertes de mine de fer hépathique brunâtre, fur du quartz entre-mêlé de blende; de Hongrie.

388. Pyrite martiale en ftalactites, ayant la forme de bois.

389. Pyrites martiales, groupées & mamelonées, en cubes, dont les angles font tronqués, fur un grand prifme de criftal de roche.

390. Pyrites martiales & cuivreufes, en rofe, fur du quartz faupoudré de fpath perlé.

391. Pyrite martiale cubique, feuilletée, furmontée de fpath vitreux cubique, violet.

392. Pyrites martiales octaèdres, dont les bords font coupés; ces pyrites font entre-mêlées de fpath perlé.

393. Pyrites martiales, en ftalactites mamelonées à leur furface.

394. Brèche en jafpe blanchâtre, dont les fragmens font fertis de pyrites martiales & de galène.

395. Pyrite martiale cylindrique, coupée par le milieu, & polie.

396. Pyrite martiale, en cubes ftriés, entre-mêlés de petits criftaux de roche.

397. Pyrite martiale en prifme fubocta-èdre comprimé, terminé par des pyramides à quatre pans tronqués.

398. Pyrites martiales en ftalagmites on-dulées, dont les couches font entre-mêlées de lits de fleurs de foufre; de Namur.

399. Pyrites martiales, mamelonées en crête, frangées, arrondies, laiffant des in-terftices entr'elles qui font tapiffées de criftaux de fpath calcaire.

400. Pyrites martiales & cuivreuſes, cubiques, dans du ſchiſte.

401. Pyrites martiales en lames carrées, entre-mêlées de ſpath calcaire lenticulaire.

402. Pyrite martiale, dans l'intérieur d'un globule de ſchiſte ſphéroïdal.

403. Globule ſchiſteux, renfermant de la pyrite martiale.

404. Globule ſchiſteux, renfermant des pyrites martiales diſpoſées par couches.

405. Pyrite martiale, compoſée de ſix plans carrés & de ſix plans triangulaires.

406. Mine de fer terreuſe, jaunâtre, avec des impreſſions de coquilles.

407. Mine de fer offrant un coqueluchon conique, avec une eſpèce d'enveloppe ou recouvrement en cœur compoſé de couches; ſon extrémité eſt pédiculée.

408. Mine de fer globuleuſe.

409. Mine de fer argileuſe, brunâtre, renfermée dans un grand cœur calcaire; de Sibérie.

110. Mine de fer argileuſe, brunâtre,

rempliffant la cavité d'un cœur foffile, avec des criftaux de fchorl verdâtres : cette efpèce de mine de fer a beaucoup de rapport avec le fchorl en roche.

411. Mine de fer argileufe, brunâtre, caverneufe, tapiffée de bol jaune; des environs d'Alais.

412. Mine de fer argileufe, brunâtre; efpèce de ludus à grandes cavités irrégulières.

413. Hématite compacte, d'un rouge-brun, avec des cavités fur une de fes furfaces; elles offrent des efpèces de rhombes.

414. Hématite fpéculaire.

415. Hématite difpofée par couches, entre lefquelles font des cavités tapiffées de criftaux de roche.

416. Hématite brune, en mamelons conglomérés, ayant une teinte argentée qui paroît dûe à de la manganaife.

417. Hématite brune, mamelonée, changeante comme la gorge-de-pigeon.

418. Hématite noire, en dendrites en relief, fur un kneiff entre-mêlé d'ocre martiale jaune; de Saxe.

419. Mine de fer hépatique rhomboïdale, recouverte d'une couche de calcédoine.

420. *A.* Hématite brune, roulée.

420. *B.* Hématite brune, fiftuleufe.

421. Hématite jaunâtre, formée par l'af-femblage de ftalactites cylindriques accolées.

422. Hématite brune, en ftalactites cylindriques, arrondies par fes extrémités; une partie de ces ftalactites eft terminée par une pointe très-fine.

423. Hématite noirâtre, caverneufe, entre-mêlée de quartz blanchâtre; des environs d'Alais.

424. Brèche en mine de fer hépatique, dont les fragmens carrés font cimentés par de l'albâtre calcaire.

425. Efpèce d'hématite brunâtre, entre-mêlée d'ocre martiale jaune.

426. Guhr martial brunâtre, luifant & feuilleté, entre-mêlé d'ocre martiale.

427. Mine de fer fpathique rhomboïdale, brune, argentée fur fes furfaces.

428. Mine

428. Mine de fer ſpathique, griſâtre, entre-mêlée de pyrites cuivreuſes, ſur du ſpath peſant en tables, entre-mêlé de quartz & de ſchiſte.

429. Mine de fer ſpathique, griſâtre, mamelonée, ſur de grands criſtaux de ſpath vitreux violets, recouverts de criſtaux de quartz.

430. Mine de fer ſpathique, brunâtre, entre-mêlée de ſpath calcaire blanc.

431. *A* Mine de fer ſpathique rhomboïdale, d'un brun-rougeâtre.

431. *B* Spath calcaire rhomboïdal, paſſé en partie à l'état de fer ſpathique.

432. Mine de fer ſpathique brune.

433. Mine de fer ſpathique lamelleuſe, d'un beau blanc.

434. Bleu martial entre-mêlé d'ocre jaune & de ſchorl bleu en éventail; de Sibérie.

435. Moule calcaire, dont l'intérieur eſt rempli de bleu-de-montagne & de criſtaux de ſchorl; de Sibérie.

G

436: Mine de fer argileufe , friable , globuleufe.

437. Pyrites martiales jaunes, en grands cubes réunis.

438. Pyrite rhomboïdale , paffant à l'état de mine de fer hépatique ; des Pyrénées.

439. Hématite en géode, dont l'intérieur eft tapiffé de mamelons noirs ; de Theux , pays de Liége.

Cuivre.

177. Cuivre natif, en cubes réunis en mamelons, fur du quartz.

178. Cuivre natif, épars dans une zéolite rouge, verte & jaunâtre, demi-tranf-parente.

179. Cuivre natif, difféminé dans une zéolite argileufe, opaque, d'un gris-rougeâtre, entre-mêlé de taches verdâtres.

180. Mine rouge de cuivre pulvérulente, foyeufe & brillante ; de Fineberg près Cologne.

181. Mine rouge de cuivre capillaire, foyeufe, fur de l'ocre martiale jaune, dans du quartz, dont une furface eft couverte de malachite.

182. Efpèce de vert-de-montagne d'un bleu-verdâtre, entre-mêlé de quartz.

183. Quartz coloré en bleu & en vert par l'azur de cuivre ; cette pierre eft mêlée de jafpe rougeâtre.

184. Mine de cuivre noirâtre, riche en argent ; du Pérou.

185. Mine de cuivre grife dans du quartz, entre-mêlée de fchifte arénacé.

186. Mine de cuivre verte, pulvérulente, arénacée, cuivre minéralifé par l'acide marin & l'air déphlogiftiqué; du Pérou.

187. Mine de cuivre verte, demi-tranf-parente, entre-mêlée d'ocre martiale & de quartz; elle paroît auffi contenir de l'acide marin & de l'air déphlogiftiqué.

188. Mine de cuivre foyeufe, verte, dans une efpèce de mine de fer hépatique.

189. Malachite à zones ondulantes, fur de l'hématite brune.

190. Malachite foyeufe, dans de la mine de fer hépatique, mêlée de mine jaune de cuivre & de quartz.

191. Mine de cuivre antimoniale, avec efflorefcence verte, de Bonvillars, a pro-duit vingt-huit livres de régule par quin-tal, & argent vingt-huit onces.

192. Mine jaune de cuivre, brillante, dans du fpath vitreux, cubique, violet.

193. Mine de cuivre verdâtre & mala-chite, fur de l'hématite brune.

194. Mine jaune de cuivre gorge-de-pigeon, & fpath perlé, feuilleté, blanchâtre, dont une partie eft couverte de ftéatite feuilletée.

195. Mine jaune de cuivre difpofée par lits, indiqués par une couleur gorge-de-pigeon, entre-mêlée de quartz & de fchifte.

196. Mine jaune de cuivre, entre-mêlée d'afbefte fibreux, verdâtre ; de Suède.

197. Mine de cuivre fulfureufe, verdâtre, chatoyante comme les cantharides, entre-mêlée de grenats rougeâtres & de mica ; de la vallée d'Arun.

198. Mine de cuivre de l'efpèce précédente, dont une partie eft entourée de grenats, l'autre de quartz, le tout entremêlé de mica.

199. Mine jaune de cuivre & mine de cuivre grife antimoniale, quartz, fer fpathique blanc & fchifte.

200. Mine jaune de cuivre gorge-de-pigeon, fur du quartz.

201. Mine de cuivre fulfureufe, gorge-

G iij

de-pigeon, entre-mêlée de vert de cuivre, de fchifle & de fpath calcaire blanc.

202. Mine jaune de cuivre, entre-mêlée de mica & de quartz, dans une cavité duquel fe trouvent des criftaux de roche à deux pointes, du fpath vitreux vert, octaèdre, & de petits criftaux de fpath calcaire, en pyramides hexaèdres, appofées bafe à bafe.

203. Mine jaune de cuivre; de Bonvillars.

204. Mine de cuivre, violacée & bleuâtre, entre-mêlée de pyrites arfenicales.

205. Marcaffite en prifme hexaèdre tronqué, entre-mêlée de galène & de blende.

206. Marcaffites cubiques, où l'on remarque les lames carrées, ou élémens de la criftallifation, fur du quartz entre-mêlé de galène.

207. Marcaffite dodécaèdre, offrant un gros criftal, dont la furface eft brunâtre.

208. Marcaffite en criftaux octaèdres, groupés & tronqués.

209. Marcaffite mamelonée, d'un jaune

verdâtre, fur du fpath calcaire ; de Derbyshire.

210. Brèche quartzeufe & filiceufe, colorée par de l'ocre cuivreufe verte ; de Jegoshicha, fur la lifière des monts Ourals.

211. Mine de cuivre d'un jaune pâle, entre-mêlée de mica & de quartz.

212. Guhr de cuivre en ftalagmite ondulée, verdâtre, fur de l'ocre martiale.

213. Guhr cuivreux.

214. Cuivre rofette de la Chine, verniffé fur fa furface.

215. Mine de cuivre noirâtre, fuperficielle, fur du fchifte ; de Heffe.

ANALYSE de la mine verte de cuivre, pulvérulente, arénacée, apportée du Pérou, fous le nom de Sable vert, par M. Dombey.

CE célèbre botanifte ne nous a rien appris de pofitif fur cette mine, qui lui a été donnée par un Péruvien.

Cette mine de cuivre pulvérulente eft d'une teinte verte, plus belle que la malachite. Examinée à la loupe, elle a une demi-tranfparence; on y remarque des parcelles d'azur de cuivre : à l'aide d'un barreau aimanté on parvient à en retirer un centième de fer infoluble dans les acides.

Si on lave la mine verte de cuivre arénacée, dans de l'eau diftillée, elle diffout un peu de fel marin, dont la préfence eft rendue fenfible par la dissolution de nitre lunaire, qui se précipite en argent corné.

La mine verte de cuivre pulvérulente du Pérou, est composée d'acide marin, d'air déphlogistiqué & de terre cuivreuse, comme l'a fait connoître M. le Duc de la Rochefoucault. Ce chimiste a traité cette mine par la distillation, la vitriolisation & la réduction.

J'ai distillé au fourneau de réverbère, dans une cornue de verre lutée, six cents grains de mine de cuivre verte pulvérulente du Pérou; j'ai adapté à la cornue l'appareil hydropneumatique, il a passé d'abord de l'air atmosphérique & plus d'une chopine d'air déphlogistiqué *. Il s'est sublimé dans le col de la cornue un sel cuivreux

---

* Quoique la mine verte de cuivre pulvérulente du Pérou contienne beaucoup d'acide marin, il ne s'en dégage point sous forme d'acide marin, *dit* déphlogistiqué.

blanchâtre, accompagné de quelques gouttes d'une liqueur verte épaiſſe, qui a perdu ſa fluidité à l'air, & y eſt devenue blanchâtre. Ce ſel, ainſi que le précédent, eſt cauſtique.

L'alkali volatil le diſſout en entier, & prend une belle couleur bleue.

La leſſive animale étant verſée dans la diſſolution du ſel cuivreux blanc, en ſépare le cuivre ſous forme d'une poudre rougeâtre un peu purpurine.

Le réſidu de la diſtillation de la mine verte de cuivre pulvérulente eſt noirâtre, cauſtique & ſoluble dans l'eau. Ce ſel cuivreux attire l'humidité de l'air, & devient vert. La mine de cuivre verte du Pérou n'étant point ſuſceptible de s'altérer à l'air, & étant inſoluble dans l'eau avant la diſtillation, c'eſt donc l'air déphlogiſtiqué qui la met à l'abri de l'action de l'air & de l'eau.

Si l'on verfe de l'acide vitriolique concentré fur de la mine verte de cuivre, il fe dégage auffi-tôt de l'acide marin fous forme de vapeurs blanches; il fe produit un peu d'effervefcence, le mélange prend une couleur brique-tée, & le cuivre fe diffout complè-tement, fi l'on étend d'eau l'acide vitriolique.

La mine verte de cuivre pulvéru-lente du Pérou fe diffout fans effer-vefcence, dans trois parties d'acide nitreux à dix degrés : l'acide marin fe retrouve dans la diffolution cuivreufe, qui a une couleur verte ; il refte fur le filtre du fable blanc, dans la proportion de vingt-quatre livres par quintal de mine.

L'expérience précédente fait con-noître que la mine verte de cuivre pulvérulente contient le quart de fon

poids de quartz grenu blanc. La réduction de cette mine démontre que le
cuivre s'y trouve dans la proportion
de cinquante livres par quintal; mais ce
produit eft plus ou moins fort, fuivant
la quantité de charbon que contient
le flux falin qu'on emploie pour la
réduction.

Si l'on fond cette mine de cuivre
avec trois parties de flux noir, on
n'obtient qu'une fcorie vitreufe rougeâtre. Si l'on ajoute par once de flux
noir, douze grains de charbon, on
obtient quinze livres de régule de
cuivre par quintal de mine; mais fi
l'on a mêlé vingt-quatre grains de
charbon avec chaque once de flux
noir, on obtient de chaque quintal de
mine de cuivre verte pulvérulente, de
quarante-cinq à cinquante livres de
cuivre rofette, qui ne contient point
d'argent.

Cette mine de cuivre contient donc,
par quintal :

Cuivre . . . . 47^{tt}
Fer. . . . . 1.
Quartz . . . . 24.
Acide marin . . . . 18.
Air déphlogiſtiqué . . . . . 10.
_____
100.

Plomb.

244. Galène teſſulaire violacée, entre-mêlée de quartz blanc & de blende tranſparente, d'un jaune-rougeâtre; de l'électorat de Trèves.

245. *A.* Galène en cube, parſemée de petites pyrites rondes, dans du ſpath vitreux, cubique, jaunâtre, parſemé de ſpath peſant mameloné, compoſé de petits criſtaux lenticulaires.

245. *B.* Galène à très-grands cubes, dont les angles ſont tronqués, parſemée d'ocre martiale & de quartz.

246. Galène cubique, recouverte de pyrites cuivreuſes, chatoyantes en vert, ſur de la blende brune.

247. Galène dont les criſtaux octaèdres ſont réunis en boules, à la ſurface de laquelle on remarque des pyramides diverſement tronquées; ce morceau renferme du quartz & de la pyrite cuivreuſe.

248. Galène éparſe dans du quartz noirâtre, dont une cavité eſt tapiſſée de

criftaux de quartz blanc & de blende d'un jaune - brunâtre.

249. Galène en grands octaèdres tronqués, entre-mêlés de fpath vitreux, cubique, blanc, parfemé de pyrites cuivreufes.

250. Galène teffulaire recouverte de quartz en crête, parfemé de pyrites.

251. Galène teffulaire entre - mêlée de quartz, & parfemée de blende brune.

252. Galène teffulaire fur du fpath calcaire, blanc, rhomboïdal.

253. Galène cubique, tronquée, dans du quartz blanc, parfemé de fpath perlé blanc.

254. Galène fpéculaire, fur du quartz; de Saint-Sauveur.

255. Galène octaèdre, fur du fpath perlé blanc, entre - mêlé de blende brune criftallifée.

256. Galène octaèdre, tronquée, entre-mêlée de blende d'un jaune - rougeâtre; cette galène eft en partie reçouverte de pyrites cuivreufes, irifées.

257. Galène violacée, entre-mêlée de mine jaune de cuivre, chatoyante en vert.

258. Galène cubique, dont les angles font tronqués, fur du quartz.

259. Galène en cylindre alongé, un peu contourné, accompagnée d'une drufe quartzeufe de même forme, dans de la blende brunâtre, parfemée de pyrites cuivreufes.

260. Quartz offrant des cloifons cubiques & parallélipipèdes, enduites de galène.

261. Octaèdre de galène tronqué.

262. Cube de galène, dont les angles font tronqués.

263. Galène en très-grands octaèdres tronqués, parfemés de criftaux de fpath vitreux, blanc, cubique; on remarque fur ces octaèdres les élemens de la criftallifation.

264. Galène bleuâtre éparfe dans du quartz blanc & grifâtre, entre-mêlé de pyrites cuivreufes, chatoyante en vert.

265. Galène teffulaire, chatoyante en bleu, entre-mêlée de blende; de Poullaoën.

266. Galène

266. Galène octaèdre, violacée, entre-mêlée de quartz, fur du fchifte.

267. Galène dont les criftaux forment de petits groupes épars fur du quartz, à cavités hexagones, parfemées de fpath perlé blanc, opaque ; l'extérieur de ce morceau eft recouvert de petits criftaux de quartz mameloné.

268. Galène en fegmens de lame hexa-gone, dont les bords font en bifeau.

269. Galène teffulaire, entre-mêlée de blende brune, de pyrites & de veines d'argent gris, dans du fpath calcaire blanc, lamelleux.

270. Galène teffulaire, entre-mêlée de petits criftaux de roche, de blende brune & de pyrites.

271. Galène octaèdre, recouverte de fer fpathique, d'un gris blanchâtre.

272. Galène phofphorique; de Ruffie.

273. Galène en maffe noire & compacte.

274. Galène qui fert de lifière ou

H

bordures aux finuofités d'une efpèce de *ludus* quartzeux.

275. Galène & blende recouverte de quartz.

276. Galène compacte, entre deux couches de quartz, a produit cinquante livres de plomb par quintal de mine, & quatre onces d'argent; de Saint-Sauveur.

277. Galène compacte, irrégulière, blanchâtre, fur du quartz.

278. Galène dans du fer fpathique, avec des veines de jafpe.

279. Galène compacte, grife, ayant la couleur de la mine d'argent grife, entre-mêlée de quartz, a produit neuf onces deux gros quarante-huit grains d'argent par quintal de minéral; de Bonvillars en Savoie.

280. Mine jaune de plomb, en lames carrées, fur une efpèce de marbre blanc.

281. Galène en décompofition, entre-mêlée de fpath vitreux, violet, recouverte de mine de plomb terreufe, jaune, com-binée avec l'acide arfenical; de Bourgogne.

282. Plomb blanc en lames carrées, éparfes dans du plomb blanchâtre, en maffes irrégulières, recouvertes d'ocre martiale jaunâtre.

283. Mine de plomb blanche, prifmatique, ftriée, recouverte d'ocre cuivreufe, verte; du Hartz.

284. Mine de plomb blanche, entremêlée d'ocre martiale brunâtre.

285. Plomb blanc, en aiguilles très-fines, fur du quartz caverneux, parfemé de vert-de-montagne; du Hartz.

286. Mine de plomb blanche, capillaire & foyeufe, dans les cavités d'une mine de fer en chaux jaunâtre.

287. Mine de plomb terreufe, grifâtre, compacte.

288. Mine de plomb terreufe, en ftalagmite, dont une des furfaces eft caverneufe, & colorée par de l'ocre martiale brune.

289. Mine de plomb blanche, ftriée, noirâtre à fa furface.

290. Mine de plomb terreufe, compacte, d'un gris-rougeâtre.

291. Mine de plomb terreufe, compacte, d'un gris-jaunâtre.

292. Mine de plomb blanche, tranfparente, vitreufe, ayant une teinte grife; elle offre des prifmes tétraèdres, aplatis, terminés par des pyramides à quatre pans.

293. Mine de plomb terreufe, grifâtre, en maffe arrondie, dont la cavité eft tapiffée de criftaux de plomb blanc; de Bretagne.

294. Mine de plomb grifâtre, en grand prifme tétraèdre, rhomboïdal; de Bretagne.

295. Mine de plomb argileufe & martiale, d'un gris-rougeâtre.

296. Mine de plomb blanche, en criftaux irréguliers, dont la furface a une teinte rougeâtre.

297. Mine de plomb grifâtre, compacte.

298. Mine de plomb rougeâtre dans fon intérieur, noire à fa furface; ce plomb eft minéralifé par l'acide phofphorique.

299. Mine de plomb verte, mamelonée, fur un quartz cellulaire.

300. Mine de plomb blanche, dans une mine de fer hépatique, ocreuſe.

Toutes les mines de plomb ter-reuſes, qui ne ſe réduiſent point au chalumeau, ſont minéraliſées par l'acide phoſphorique; telles ſont les mines de plomb vertes, rougeâtres & brunâtres, criſtalliſées ou en maſſes.

Étain.

65. CRISTAUX d'étain , fur des criftaux de roche , parfemés de fléatite.

66. Mine d'étain éparfe fur des criftaux de quartz , entre-mélés de fléatite & de pyrites.

67. Mine d'étain en criftaux noirâtres , dans de la fléatite verte , entre-mêlée de quartz.

68. Mine d'étain d'un brun-noirâtre , compacte , entre-mêlée de quartz.

69. Mine d'étain noire , fuperficielle , fur du quartz.

70. Mine d'étain noire , en grands criftaux octaèdres , tronqués.

71. Mine d'étain éparfe dans du feld-fpath , d'un blanc-rougeâtre , avec une couche de fchorl en roche micacé.

Argent.

97. ARGENT natif en rameaux contournés, de fix pouces de haut, fur du fpath calcaire blanc, rhomboïdal, entre-mêlé de blende jaunâtre ; de Konſberg.

98. Argent de pinne, amalgame d'argent du Pérou, dont les Mineurs font diverſes figures.

99. Argent natif, dans de la mine d'argent griſe, parſemée de ſchorl & de vert-de-montagne ; d'Allemont.

100. Argent natif, capillaire, fur de d'argent vitreux, octaèdre.

101. Mine d'argent blanche, antimoniale, dans du fpath calcaire.

102. Mine d'argent griſe, arſenicale, dans du fpath calcaire, de Caſalla, a produit neuf marcs d'argent par quintal.

103. Mine d'argent rouge, dans du fpath calcaire ; de Guadalcanal.

104. Mine d'argent rouge, fuperficielle,

H iv

fur du quartz blanc, entre-mêlé de jafpe brun.

105. Mine d'argent rouge, criftallifée, dans du fpath perlé, entre-mêlé d'argent natif, en dendrites.

106. Argent natif, entre-mêlé d'argent corné, fur du quartz; du Pérou.

107. Mine d'argent rouge, en grands prifmes, terminés par des pyramides hexaèdres.

108. Mine d'argent rouge, paffant à l'état d'argent vitreux, dans du fpath calcaire.

109. Mine d'argent rouge, paffant à l'état d'argent gris, entre-mêlée de pyrites.

110. Mine d'argent grife, en criftaux tétraèdres, dont les bords font abattus; ces criftaux ont pour gangue une efpèce de brèche fchifteufe, parfemée de criftaux de quartz rougeâtre.

111. Mine d'argent grife, fur une drufe quartzeufe, parfemée de fpath perlé.

112. Mine d'argent grife, entre-mêlée

de blende rougeâtre, tranfparente, fur du quartz.

113. Mine d'argent grife, & mine jaune de cuivre, entre-mêlée de quartz.

Or.

34. PYRITES aurifères , dans du zinopel , d'un rouge-brun , entre-mêlé de blende.

Platine.

2. PETIT creufet de platine, de forme conique, d'un pouce de haut & d'environ un pouce de diamètre ; il a été fondu, tourné & donné par M. l'Abbé Rochon, de l'Académie Royale des Sciences, qui a le premier employé ce métal pour faire des miroirs de télefcope.

DESCRIPTION lithologique de la carrière à plâtre de Montmartre.

LA butte Montmartre eſt élevée d'environ quarante toiſes au-deſſus du niveau de la Seine. Le ſommet de cette butte eſt couvert de terre végétale, au-deſſous de laquelle eſt un banc de ſable, mêlé de ſilex roulés ; celui-ci eſt aſſis ſur des couches de marne de différentes couleurs & épaiſſeurs : cette marne précède & accompagne les bancs de gypſe qui ſont horizontaux.

Les plâtrières de Montmartre peuvent être diviſées en trois parties.

La première, dite *haute-maſſe* par les ouvriers, a ſouvent plus de cinquante pieds d'épaiſſeur ; elle offre des bancs poſés les uns ſur les autres ſans interruption ſenſible, quoique ſéparés :

ils font affis fur un banc d'argile bleuâtre, tachetée, d'environ douze pieds d'épaiffeur. Cette argile eft entre-mêlée de marne.

La feconde partie eft nommée *pierre franche*. Cette maffe gypfeufe, qui a près de quatorze pieds, eft difpofée par bancs contigus, affis fur de la marne.

La troifième partie de la plâtrière de Montmartre, nommée *baffe-carrière*, offre une maffe gypfeufe d'environ quatorze pieds, divifée en fix bancs féparés les uns des autres par des couches de marne. Cette dernière partie fe trouve dans la plaine, & eft fuperpofée fur de la pierre calcaire.

Je n'entreprendrai pas de rendre compte de la manière dont s'eft formé la coline gypfeufe de Montmartre, de même que celles qui font contiguës,

& forment une chaîne de huit ou dix lieues dans la direction du nord. Parmi les naturaliftes qui ont écrit fur les plâtrières de Montmartre, M. Pralon & le Chevalier de Lamanon ont entre autres fourni d'excellentes defcriptions lithologiques de ce lieu. Le dernier avance que dans cette partie de l'Ifle de France, il y avoit un lac d'eau gypfeufe , qui a donné naiffance à ces plâtrières.

TABLE des productions lithologiques de Montmartre & Belleville.

1. PIERRE calcaire, coquillère & argileuse.
   2. Pierre calcaire, herborifée.
   3. Albâtre calcaire.
   4. Marne.
   5. Argile.
   6. Spath pefant.
   7. Criftal de roche.
   8. Bois agatifé.
   9. Sable.
  10. Silex.
  11. Grès coquiller.
  12. Os foffiles.
  13. Mine de fer hépathique.
  14. *Ludus* calcaire & gypfeux.
  15. Terre gypfeufe.
  16. Pierre à plâtre.
  17. Sélénite.

Les collines gypfeufes de Montmartre, Belleville, Pantin, & toutes

celles de cette partie de l'Ifle de
France, font fuperpofées fur des carrières de pierre à chaux; la maffe gypfeufe ne s'étend que jufqu'à la rafe
campagne. La pierre coquillère & argileufe qu'on trouve au fommet de la
butte Montmartre, renferme des coquilles blanches, friables, de la claffe
des cames & des vis : ces coquilles
font analogues à celles qu'on trouve
dans la rivière de Marne & dans celle
des Gobelins, ainfi que l'a obfervé
M. le Chevalier Paul de Lamanon.

Des infiltrations de terre martiale
noire, forment fouvent des dendrites
très-élégantes, fur de la pierre calcaire
blanche, mêlée d'argile. La diffolution
de la terre calcaire s'infiltrant entre les
retraites des maffes gypfeufes, forme
des ftalagmites compofées de couches
ondulantes, fouvent diftinctes par leur
nuance de brun, de jaune & de blanc :

ces

ces albâtres le difputent en beauté à tout ce qui eft connu de plus beau dans ce genre ; mais jufqu'à préfent cette efpèce d'albâtre ne s'eft trouvée qu'en morceaux peu épais, fouvent longs de quelques pieds. La terre calcaire qui s'infiltre dans les maffes gypfeufes, eft caufe qu'elles font prefque toutes effervefcence avec les acides, excepté la pierre à plâtre à gros grains, les criftaux de félénite, & ceux connus fous le nom de *grignards*, nom qu'on donne à la félénite lorfqu'elle forme des couches fuivies. Quand on cherche à rompre ces maffes à coups de marteau, elles répandent une forte odeur de foie de foufre décompofé.

La marne forme des lits & des bancs plus ou moins confidérables dans la carrière à plâtre de Montmartre ; l'argile s'y trouve auffi en affez grande quantité & dans différens états : l'une

I

eft tenace & ductile ; l'autre s'exfolie en fe deſſéchant, & happe fortement à la langue lorſqu'on la goûte.

On trouve à Montmartre du fpath peſant dans de la marne ; il eft plus abondant dans la colline de Belleville, où on le rencontre en maſſe informe, griſâtre, aplatie & arrondie, à dix ou douze pieds de la furface de la terre.

Le tronc d'arbre agatifé que j'ai trouvé à Montmartre en 1778, fert à étayer ma théorie fur l'agatifation des fubſtances végétales. Voyez la *page 168, vol. II* de mon *Analyſe chimique des trois règnes*. Ce tronc d'arbre agatifé avoit trente pieds de long fur neuf pouces de diamètre ; il étoit un peu comprimé, giſſoit horizontalement du nord au fud, entre les deux derniers bancs de pierre à plâtre, & fe trouvoit au moins à cent pieds de la cime de la butte, entre deux lits de pierre à plâtre dont l'intérieur étoit criftallifé. Les interftices de ce bois agatifé font tapiffés de petits criftaux de roche réguliers & irifés. Une partie de ce bois agatifé eft brune & compacte : cette couleur eft dûe au fer & à l'huile, principes de la fubftance ligneufe. Je me fuis informé depuis cette époque, fi l'on n'avoit point trouvé de bois agatifé à Montmartre, on m'a affuré que non.

Le grès coquiller qu'on trouve à Montmartre, paroît d'une date femblable à celle du bois agatifé ; ce grès renferme des moules & des cames blanches & calcaires. La plupart du temps, ce grès n'offre que l'impreffion de ces coquilles. Quant au fable & aux filex qu'on trouve dans les couches fupérieures de la colline de Montmartre, ils n'ont aucun caractère

particulier, & ne paroiſſent pas différer
de ceux qu'on ramaſſe ſur le rivage
des rivières ; mais on trouve dans les
maſſes de gypſe, du ſilex blanchâtre,
rubané, qui s'eſt formé dans cette
carrière, comme les maſſes de grès
coquiller.

On rencontre dans la colline de
Belleville, à deux pieds du ſol, des
ſilex noirs, par couches formées de
maſſes irrégulières ; ils giſſent dans une
eſpèce de marne qui eſt aſſiſe ſur un
banc de pierre à plâtre de dix ou douze
pieds, dont les lits de différentes épaiſſeurs, ſont entre-mêlés de marne : ce
banc de gypſe repoſe ſur un banc con-
ſidérable d'argile verte, ſous laquelle
ſe retrouve la pierre à plâtre.

Les oſſemens qu'on rencontre dans
la pierre gypſeuſe, n'ont éprouvé d'autre altération que celle du temps ; **la**

plupart ont une teinte jaunâtre. M. de Joubert a obfervé que ces parties offeufes étoient toujours enveloppées d'une efpèce de marne, qu'il regarde comme produite par la décompofition des parties molles des animaux. Il y a dans le cabinet de ce naturalifte, des icthyolites; ici l'impreffion du poiffon eft comprimée comme dans le fchifte : ces mêmes poiffons ne font pas pleins comme ceux qu'on trouve dans la pierre calcaire.

M. d'Arcet poffède un ornitholithe ou oifeau pétrifié, qu'il a trouvé en 1781, à vingt toifes du fommet de la colline de Montmartre.

On n'a pas encore pu affigner à quelle efpèce d'animaux appartiennent les os qu'on trouve dans les pierres à plâtre. Si ces os ne font ni agatifés, ni pénétrés de gypfe, c'eft que la terre abforbante qui leur fert de bafe, s'y

trouve combinée avec l'acide phof-
phorique & une matière graſſe ; par
conféquent l'eau féléniteuſe n'a pu
décompoſer ces oſſemens.

La mine de fer hépathique brune,
ſolide, en maſſe irrégulière, qu'on
trouve éparſe dans quelques endroits
de la montagne de Montmartre, paroît
être produite par la décompoſition des
pyrites.

Les *ludus* calcaires & gypſeux, en
maſſe ſphéroïdale, aplatie, nommés
par les ouvriers *miches de quatorze ſous*,
ſe trouvent à l'orient de Montmartre,
près Clignancourt, dans un banc de
marne, à douze ou quinze pieds du
ſommet de la colline. Parmi les *ludus*
de cette eſpèce, qui ſont dans le cabinet de l'École royale des Mines, il
y a une maſſe ſphéroïdale, aplatie,
de deux pieds de diamètre ſur ſept
pouces d'épaiſſeur ; toute la croûte

extérieure eft calcaire, grenue, grifâtre & un peu argileufe, elle a un pouce & demi d'épaiffeur. L'intérieur de ce *ludus* eft rempli de prifmes gypfeux, grifâtres, pentagones & hexagones, qui laiffent des interftices entr'eux; ces prifmes ont deux & trois pouces de hauteur fur un pouce de diamètre, leur furface eft parfemée de petits criftaux brillans.

Le gypfe pulvérulent ou terre gyp-feufe blanche, fe trouve quelquefois fous forme de gurh; mais la pierre à plâtre criftalline forme les bancs les plus confidérables, ils font fouvent entre-mêlés de grignards ou criftaux de félénite, formant des lits continus. La félénite lenticulaire fe trouve dans la marne; ces criftaux, groupés de diverfes manières, fe font précipités du fluide aqueux qui les tenoit en diffolution; la marne qui s'eft enfuite

dépofée, a encroûté, enveloppé & dé-
fendu ces criftaux, qui fe trouvent en
très-grande quantité au bas de la butte
Montmartre, du côté de Mouceaux.

La félénite bafaltine ou en prifme
hexaèdre, à fommet trièdre, alterne,
dont une furface eft curviligne, fe
trouve dans de la marne, vers le fommet de la colline de Belleville.

La félénite prifmatique décaèdre,
produite par l'octaèdre alongé, tronqué près de fes bafes, eft affez rare à
Montmartre ; mais elle eft commune
dans la montagne de Saint-Germain-
en-Laye, où elle fe trouve en criftaux
groupés, épars dans une argile veinée
de rouge, qui précède les bancs de
pierre calcaire, qui fe trouvent vers
le fommet de la montagne.

J'ai auffi trouvé à Montmartre de
la félénite ftriée, en petites couches
de deux à trois lignes d'épaiffeur.

DESCRIPTION *des produ&ions lithologiques de Montmartre, qui font dans
le cabinet de l'École royale des Mines.*

1. Albâtre calcaire blanc, en lames irrégulières, laiffant des interftices entr'elles,
parfemées de ftalagmites mamelonées.

2. Albâtre calcaire compofé de zones
ou couches jaunâtres & brunâtres, dont
une cavité intérieure eft remplie de ftalagmites mamelonées.

3. Albâtre calcaire blanchâtre, de Montmartre.

4. Albâtre calcaire jaune comme la
topaze, tranfparent, fur de la pierre gypfeufe criftalline.

5. Albâtre calcaire jaune & brunâtre,
renfermant de la pierre à plâtre.

6. Albâtre calcaire à zones blanches &
brunes, avec une couche irrégulière d'albâtre brun.

7. Albâtre calcaire d'un jaune couleur

de miel, zoné de blanc; fa partie inférieure eſt brune.

8. Albâtre calcaire brun, ondulé de jaune & de blanc.

9. Albâtre calcaire d'un brun-fauve, avec des ondulations d'un blanc-jaunâtre.

10. Albâtre calcaire blanc, zoné, ondulant, entouré d'albâtre brun.

11. Albâtre calcaire de différentes teintes brunes & blanchâtres.

12. Albâtre calcaire jaunâtre, diſpoſé par couches.

13. Pierre calcaire argileuſe, avec des dendrites très-élégantes.

14. Marne blanchâtre chargée de très-belles dendrites.

15. Albâtre féléniteux diſpoſé par couches, entre-mêlé de criſtaux de félénite.

16. Terre gypſeuſe blanche, dans de la marne.

17. Pierre gypfeufe compofée d'un amas de petits criftaux lenticulaires.

18. Sélénite en beaux criftaux tranfparens, cunéiformes, jaunes comme l'ambre, dans une terre gypfeufe blanche.

19. Sélénite de l'efpèce de la précédente, dans de la pierre à plâtre.

20. *A* Sélénite prifmatique, hexaèdre, comprimée, à fommet trièdre, alterne, dont une des faces eft curviligne ; ces criftaux qui fe trouvent par couches, font nommés *grignards*.

20. *B* Deux grands criftaux réguliers & accolés, femblables aux précédens.

21. Sélénite en criftaux réguliers, de la même efpèce que le grignard.

22. Sélénite lenticulaire groupée en rofe, de Montmartre.

23. Sélénite lenticulaire alongée, dont les criftaux réunis fe diftribuent du centre à la circonférence.

24. Sélénite lenticulaire alongée & croifée.

25. Sélénite lenticulaire groupée en rofe, fur de la pierre à plâtre.

26. Sélénite lenticulaire en grands criftaux accolés, laiffant entr'eux un angle rentrant.

27. Sélénite de Montmartre, en grands criftaux lenticulaires, alongés, compofés de lames diftinctes ; ces criftaux font accolés de manière à laiffer des interftices entr'eux.

28. Sélénite dont les criftaux lenticulaires, accolés, font empilés.

29. Sélénite lenticulaire, dont les criftaux accolés font coupés de manière à offrir des criftaux cunéiformes.

30. Grand criftal de gypfe cunéiformé, fragment de deux criftaux lenticulaires, accolés.

31. Sélénite lenticulaire, dont les criftaux pofés de champ offrent des efpèces de crêtes, fur de l'albâtre calcaire brunâtre; ce lit a deux lignes d'épaiffeur, fur un banc de félénite en criftaux irréguliers.

32. Sélénite lenticulaire en criftaux alongés, groupés irrégulièrement.

33. Groupe de petits criftaux de félénite jaunâtre, accolés, entre-mêlés de marne blanchâtre, fur une pierre gypfeufe criftalline.

34. Sélénite lenticulaire en criftaux accolés & alongés.

35. Sélénite en criftaux très-alongés, renflés dans le milieu & accolés; ils offrent un angle rentrant à une de leur extrémité, tandis que l'autre extrémité eft amincie.

36. Variété de la félénite précédente, mais plus aplatie.

37. Sélénite de la variété précédente, dont le criftal eft comme ployé.

38. Sélénite en prifme hexaèdre, alongé & très-aplati, avec un angle rentrant, comme dans les criftaux lenticulaires accolés.

39. Sélénite en prifme hexaèdre, comprimé, à angles rentrans, implantés les uns dans les autres ; macle de la félénite décaèdre.

40. Sélénite prifmatique , hexaèdre , à fommets dyèdres , réfultant d'un octaèdre rhomboïdal , tronqué près de fa bafe.

41. Sélénite prifmatique hexaèdre , dont un des fommets dyèdres, eft tronqué net.

42. Sélénite de Montmartre , entre les lames de laquelle on a introduit un lézard.

43. Pierre gypfeufe blanche , criftalline , entre-mêlée de félénite.

44. Pierre gypfeufe , renfermant un offement.

45. Sélénite ftriée , blanche , d'une ligne & demie d'épaiffeur , fur de la pierre gyp-feufe , criftalline , dont les lits de deux lignes d'épaiffeur , font entre-mêlés de marne.

46. Silex grifâtre , entre-mêlé de marne ; quelquefois il a une teinte d'un blanc-bleuâtre , avec des cavités arrondies , rem-plies de marne.

47. Grès entre deux couches filiceufes.

48. Bois agatifé , renfermant fouvent des criftaux de roche ; celui-ci contient entre fes fibres de l'ocre martiale , jaunâtre.

49. Mine de fer hépathique qui se trouve à la surface de la carrière à plâtre, dans la terre végétale.

50. Albâtre calcaire à zones grises, blanchâtres & jaunâtres, ayant de la ressemblance avec le pechstein.

51. Pierre marneuse grisâtre, pesante, avec impression de cames.

52. Pierre marneuse jaunâtre, colorée par de l'ocre ; elle renferme de petits cristaux de sélénite & des cames.

53. Pierre marneuse jaunâtre & martiale, avec des cames, sur un lit de pierre gypseuse.

54. Pierre calcaire remplie de petites cames blanches, crétacées.

55. Marne jaunâtre renfermant des limaçons.

56. Pierre calcaire granuleuse, verdâtre.

57. Marne grise à écorce jaunâtre.

58. Argile verte de Montmartre, entremêlée de petits points plus verts.

59. Argile d'un gris-verdâtre, avec des taches rondes, bleuâtres.

60. Argile blanchâtre, avec des taches bleuâtres, rondes, alongées.

61. Argile blanchâtre, exfoliée, avec des dendrites fur les tranches.

62. Argile blanchâtre, feuilletée.

63. Spath pefant, blanchâtre, en maffe irrégulière.

64. Ludus calcaire renfermant des prifmes hexagones & pentagones, de pierre gypfeufe, criftallifée à fa furface.

65. Albâtre gypfeux, zoné, recouvert de ftalagmites gypfeufes.

66. Guhr féléniteux, blanc, criftallin, opaque & brillant.

67. Sélénite en rofe, formée de petits criftaux lenticulaires, offrant des globules réunis, trouvée entre des feuillets d'argile.

68. Argile grife feuilletée, renfermant des globules de félénite en rofe, compofés d'un amas de petits criftaux lenticulaires.

69. Argile

69. Argile grife, dont les feuillets font difpofés comme les feuillets d'un livre.

70. Argile feuilletée, renfermant des globules de mine de fer hépathique.

71. Argile martiale, feuilletée, jaunâtre, avec des dendrites & de la félénite mamelonée.

72. Portion de fer-à-cheval, enclavée dans de la pierre gypfeufe ; il eft paffé à l'état de mine de fer hépathique, & a trois attaches qui pénètrent avant dans cette pierre : ce fer s'eft trouvé à foixante pieds dans les bancs de gypfe de la colline de Montmartre, du côté de Clignancourt. Cette carrière offre les lits de gypfe difpofés en prifmes articulés comme les bafaltes.

73. Sélénite en petits criftaux lenticulaires, dans de la pierre à plâtre.

74. Argile verdâtre, parfemée de dendrites noirâtres.

75. Grès grifâtre, poreux & perméable, avec impreffion de cames & de vis.

K

76. Grès renfermant des cames à l'état calcaire.

77. Sélénite d'un jaune clair, qui paroît compofée de deux pyramides hexaèdres jaunâtres, appofées bafe à bafe ; deux de ces polyèdres font accolés & enchâffés dans de la pierre à plâtre.

78. Silex rubané, à zones blanches & grifes, dans de la pierre à plâtre. Le centre de ces filex eft de cette même pierre gypfeufe.

EXPÉRIENCES propres à faire connoître que le plâtre , produit par diverses espèces de gypse , retient plus ou moins d'eau, après avoir été gâché & séché.

LA félénite eft la pierre à plâtre la plus pure ; ce vitriol terreux, criftal-lifé, n'eft point avec excès de terre calcaire, comme les pierres gypfeufes qui en contiennent fouvent un quart * ; ce que j'ai reconnu en analyfant différens bancs de gypfe de Montmartre & ceux des environs.

La félénite & la pierre à plâtre contiennent une égale quantité d'eau de

---

* Pour s'affurer de la quantité de terre calcaire que contient le gypfe, il faut le pulvérifer, & verfer deffus de l'acide nitreux, qui diffout avec effervefcence la terre calcaire ; on lave le gypfe qui refte, & on le fait fécher pour apprécier combien il a perdu de fon poids.

criftallifation, qu'on peut extraire en diftillant ces vitriols terreux; le réfidu de cette opération eft ordinairement à l'état de plâtre.

Deux onces de félénite blanche, tranfparente, ont produit par la diftillation trois gros vingt - quatre grains d'eau limpide, inodore & infipide.

Le plâtre qui reftoit dans la cornue, avoit confervé la forme des criftaux de félénite, lefquels étoient feuilletés, blancs, opaques, friables, & ne pefoient plus qu'une once quatre gros quarantehuit grains. J'ai pulvérifé ce plâtre, & l'ai gâché avec de l'eau en une pâte molle, qui a pris corps en deux ou trois minutes. La maffe que j'en avois formée pefoit deux onces deux gros; dans cet état, le plâtre avoit donc abforbé environ un quart d'eau, qui s'eft exhalée, pour la plus grande partie, pendant la defficcation, puifque le plâtras ne pefoit qu'une once cinq gros : ce qui fait connoître que le plâtras produit par la félénite, ne retient qu'un quarante-huitième d'eau, tandis que la félénite contenoit un cinquième d'eau.

Cette même félénite ayant été cuite entre des charbons ardens, n'a point acquis la propriété de faire effervefcence avec les acides ; elle ne développe point d'odeur lorfqu'on la gâche : la maffe qui en réfulte ne s'échauffe point après avoir pris corps, comme cela a lieu lorfque le plâtre a été fait avec la pierre gypfeufe, qui contient un excès de terre calcaire.

Les grignards ou lits de félénite en prifmes irréguliers, qu'on trouve en couches continues dans les bancs de gypfe, répandent fouvent, quand on les frappe, une odeur fétide, à peu près femblable à celle de la pierre-

K iij

porc de Suède, qui doit son odeur à du bitume. Ces grignards ont une teinte d'un gris-jaunâtre ; soumis à la distillation, ils produisent de l'eau qui a une odeur fétide & bitumineuse.

Le plâtre qui reste fait effervescence avec l'acide nitreux ; après avoir été gâché, il prend moins de corps que la sélénite pure.

Du gypse granuleux & friable, qui renfermoit un silex grisâtre, rubané, a produit par la distillation un cinquième de son poids d'eau qui avoit une odeur fétide & bitumineuse.

Le plâtre qui restoit dans la cornue ayant été gâché avec de l'eau, n'a point pris corps. Ce même gypse, après avoir été cuit à travers les charbons, a fait effervescence avec l'acide nitreux, qui en a dégagé du gaz hépathique ; ce même acide a séparé de ce plâtre une terre argileufe , brunâtre , colorée par du fer.

La colline de Montmartre, du côté de Clignancourt , offre du gypfe en très-grands prifmes difpofés comme les chauffées bafaltiques. Ce gypfe eft avec excès de terre calcaire ; foumis à la diftillation, il produit environ un cinquième d'eau infipide & inodore. Le plâtre qui reftoit dans la cornue, après avoir été gâché avec de l'eau, n'a point pris corps.

Ce gypfe ayant été cuit à feu nu, la portion de terre calcaire qu'il contient en excès paffe à l'état de chaux vive : l'eau diftillée avec laquelle j'ai lavé ce plâtre, a diffous une partie de cette chaux.

Le plâtre produit par la pierre gyp-feufe qui contient un excès de terre calcaire, prend plus facilement corps

que celui produit par la félénite; lorfqu'on le gâche, il s'en exhale une
odeur de gaz hépathique *. Quelques
minutes après le plâtre fe prend &
s'échauffe; cette propriété eft dûe à la
chaux qu'il contient, puifque le plâtre
obtenu par la cuiffon de la félénite, ne
produit point de chaleur.

Le plâtras produit par la pierre gypfeufe de Clignancourt, retient près
d'un fixième d'eau, lorfqu'on a hâté
la defficcation par le moyen du feu;
mais fi ce plâtras s'eft defféché fpon-
tanément à l'air, il retient alors un
cinquième d'eau qu'on peut en extraire
par la diftillation : ce plâtras fe trouve

---

* Lors de la calcination de la pierre gypfeufe, avec excès de terre calcaire, une portion
de l'acide vitriolique du gypfe fe fature de
phlogiftique, & forme du foufre qui fe com-
bine avec la terre calcaire, & forme le foie
de foufre qui fe trouve dans le plâtre.

donc contenir alors autant d'eau que la pierre gypfeufe.

Ces expériences font connoître qu'il n'y a que la félénite ou pierre gypfeufe, criftallifée, qui produife du plâtre après avoir été diftillée, & que le plâtras qui en réfulte ne retient qu'un quarante-huitième d'eau.

La pierre gypfeufe avec excès de terre calcaire, après avoir été privée d'eau par la diftillation, ne produit point de plâtre fufceptible de prendre corps après avoir été gâché ; mais fi ce même gypfe a été cuit à feu nu, la terre calcaire paffe à l'état de chaux vive, de forte que le plâtras qui réfulte de pareil plâtre doit être regardé comme un mortier gypfeux : s'il prend plus tôt que le plâtre pur, c'eft que la chaux abforbe avec chaleur une portion d'eau furabondante, à la criftallifation confufe du plâtras.

Je crois que les enduits faits avec la félénite réduite en plâtre, doivent être moins altérables que ceux qui ont été faits avec le gypfe, qui contient un excès de terre calcaire, laquelle abforbe les acides nitreux & marins qui fe forment dans l'atmofphère, d'où il réfulte des fels déliquefcens, lefquels étant interpofés dans les plâtras, affoibliffent leur force de cohéfion, & concourent à la dégradation des murailles.

NOTE

Sur le fpath adamantin.

J'AI fait mention de cette pierre, *page 176 du fecond volume de mon Analyfe chimique, & page 51 de ce Supplément à la Defcription du Cabinet de l'École Royale des Mines.* Je ne croyois point alors que le ſpath adamantin fût une eſpèce particulière de pierre, parce que les portions de ce ſpath, qui me furent données par M. Brouſſonet, n'offroient que des fragmens de priſmes hexaèdres, parſemés de mica, de feld-ſpath, de ſchorl & de ce ſpath adamantin que je crus être du quartz bleuâtre. Cette pierre compoſée a, comme je l'ai obſervé, la propriété de dévier l'aiguille aimantée.

D'après la deſcription que M. de la Métherie a donnée du ſpath adamantin, dans le Journal de phyſique du mois de janvier de cette année; d'après les criſtaux régu-liers ce cette même pierre, que M. l'Abbé Haüy vient de préſenter à l'Académie, il paroît démontré que le ſpath adamantin doit être rangé parmi les gemmes, dont il a la dureté, la forme, le tiſſu & la peſan-teur. On a reconnu que le feu ne faiſoit point éprouver d'altération ſenſible à cette pierre, qui a un peu de tranſparence, & dont la couleur eſt d'un gris-bleuâtre.

Le ſpath adamantin eſt en rapport, par ſa forme priſmatique hexaèdre, tronquée, avec l'émeraude & le bérylle qui ſe trouvent

dans les montagnes granitiques de la Daou-
rie. Le ſpath adamantin de la Chine paroît
auſſi avoir fait partie de quelques eſpèces
de granites.

FIN.

tenant en construction. Le premier est à 2 cordes, à 3 octaves et demie, forme d'un nécessaire, avec clavier à tiroir; longueur totale, 21 pouces, largeur, 13 pouces. Il pourra, par ses dimensions et sa forme, se placer partout où l'on voudra, même servir à contenir tous les objets utiles à la toilette.

Le second est un Piano vertical à colonne; qu'on se figure, au centre d'un salon, un piédestal surmonté d'une colonne tronquée, pouvant recevoir pour amortissement un buste ou un vase orné de fleurs; on aura une idée de cet instrument, qui d'ailleurs, par sa forme régulière et architecturale, est susceptible des plus riches ornements, comme il peut être exécuté dans une très grande simplicité; mais, quelle que soit sa construction, il fera toujours un très bel effet au milieu d'un riche salon. Le même instrument peut se réduire à des proportions qui le rendent tout-à-fait portatif, et permettent de le placer sur tous les meubles possibles.

Enfin, on offre aussi à la curiosité des amateurs un pupitre officieux qui, au moyen d'un pression légère sur une pédale, tourne lui-même les feuillets d'un cahier de musique.

Avant de terminer cet Avertissement, le sieur PETZOLD doit vous prévenir que ses Pianos ne laissent rien à désirer, tant du côté de la solidité et de la beauté, que de la qualité du son; ils se distinguent surtout par l'invariabilité de leur accord, la perfection de leurs marteaux à échappement, la légèreté des touches de leur clavier, et la promptitude avec laquelle ils obéissent et font parler les cordes. A l'égard du clavier, il doit encore vous annoncer que le clavier de ses Pianos diffère de ceux des autres Pianos, en ce que le clavier des siens est construit depuis un bout jusqu'à l'autre sur le même système, tandis que dans la plupart des Pianos que l'on construit journellement, la dernière octave se trouve renversée, d'où il résulte que cette dernière octave est non seulement sourde, mais même d'une qualité de son différente des autres octaves. Il est aussi parvenu à augmenter le son ou la voix dans les Pianos carrés, en donnant de l'extension à la table et à la caisse de résonnement, de manière à ce que cette caisse se trouve prolongée sur la totalité du clavier.

Il construit aussi des Harpes Éoliennes, lesquelles placées dans un courant d'air, devant une porte ou une croisée, produisent des sons harmonieux.

On trouvera en outre dans son Magasin, Harpes, Lyres et Guitares dans le dernier goût, à vendre ou à louer.

Il se charge de l'accord des Pianos, et de la *commission pour la province et les pays étrangers*, ainsi que de la réparation de tous les instruments à clavier.